성과를 향한 도전

성과를 향한 도전

초판　　　　　발행일　|1995년 5월 30일
초판 10쇄 발행일　|2006년 5월 10일
개정판　　　발행일　|2010년10월 30일

지은이　|피터 F. 드러커
옮긴이　|위정현

펴낸이　|김강욱
펴낸곳　|간디서원

주소　|156-814 서울시 동작구 사당동 64-140
전화　|(02)3477-7008　팩시밀리 (02) 3477-7066
등록　|제382-2010-000006호

ISBN 978-89-964325-1-7 (03320)

· 잘못된 책은 바꾸어 드립니다.

성과를 향한 도전

피터 F. 드러커 지음

위정현 옮김

간디서원

머리말

성과를 올리는 경영자에 대해 처음으로 흥미를 갖게 된 것은 제2차 세계 대전 초기였다. 기업체나 대학, 전문직과 같은 민간 부문에서 전시 행정부에 자원해 온 사람들 중 일부는 행정가로서 성공한 것처럼 보였다. 그러나 능력이나 경험 면에서 그들보다 결코 떨어지지 않을 사람들이 실패로 좌절을 맛보아야 했다.

왜 이런 일이 일어났는지 아무도 설명할 수 없었다. 뿐만 아니라 아무도 그 문제를 어떻게 해결해야 할지 몰랐다. 그때 이후로 나는 성과를 올리는 경영자에 관심을 갖기 시작했고, 성과를 결정하는 것이 무엇인지 알 수 있기를 바라면서 내가 만난 사람들을 관찰해 왔다.

몇 년이 지난 후에 일단 그 동안관찰해 온 것들을 한데 모았다. 1959년인가 1960년경에 내 옛 친구인 토마스 D. 모리스(그때 당시 예산 부국장이었고, 1961년부터는 높은 성과를 올리는 국방부 차관이었던)가 연방 정부의 고위 관리들에게 성과에 대해 강의를 해달라고 나를 초청했다. 나는 꽤 주저하면서 받아들였다. 내가 말해야 했던 주제는 진부하지는 않았지만 너무 뻔한 것 같았기 때문이었다. 그러나 놀랍게도 이 너무 뻔한 이야기는 경험 많은 고위 경영자들에게 아주 새로운 발견으로 받아들여졌다. 나는 아직도 이 강연의 복사본을 요청하는 부탁을 자주 받는다.

그때 이후로 나는 성과를 올리는 경영자가 보통 사람들(나를 포함해서)이 하지 않는 어떤 일을 하는지와 보통 사람들이 하기 쉬운 일 중에서 어떤 일을 하지 않는지를 체계적으로 연구하기 시작했다.

이 책은 나의 발견을 제시하고 있다. 내가 보고하려는 가장 중요한 것은 성과를 올리는 것은 습득될 수 있다는 것이다. 그리고 또한 습득되어야 한다는 것이다. 그것은 저절로 이루어지지는 않는다. 그것은 얻을 수 있는 연습이다. 이 책에서의 나의 목적은 이러한 연습 요소들을 간단한 형태로 제시하는 것이다.

이 책은 그 주제에 관한 '첫 언급'이다. 광범위한 문헌 조사에서 나는 성과를 올리는 경영자에 대한 이야기는 아무 것도 찾아낼 수 없었다. 그러나 나는 이 책이 '마지막 언급'이 되지 않기를 정말로 바란다.

우리는 우리가 얻을 수 있는, 성과를 올리는 경영자에 대한 모든 지식을 필요로 한다. 정부 기관이나 사업체, 연구실, 대학, 병원, 군대와 같은 우리 사회의 모든 기관들은 그 사람들에게 의존하고 있다. 그러므로 개인적인 행복까지는 아니더라도 결국 우리의 생존은 성과를 올리는 경영자에 의존하고 있는 것이다.

그러나 성과를 올리는 능력을 습득할 수는 있다고 해도 성과를 올리는 경영자는 일반적이지 않다. 이 책이 경영 일선의 사람들에게 성과에 대한 의욕을 불어넣어 줄 수 있기를 바란다.

몬트클레어에서 피터 드러커

CONTENT

머리말 / 피터 드러커 Peter F. Drucker__4

1. 성과를 올리는 능력은 습득할 수 있다__9

    왜 성과를 올리는 경영자가 필요한가__12
    성과를 올려야만 하는 사람은 누구인가__17
    경영자를 둘러싼 현실__23
    성과를 올리는 능력의 향상__36
    성과를 올리는 능력은 습득될 수 있는가__39

2. 너의 시간을 알라__47

    경영자의 시간은 어디에 사용되고 있는가__52
    시간 사용법을 진단한다__62
    시간 낭비의 원인을 진단하라__71
    자유로운 시간을 하나로 모아라__81

3. 어떤 공헌이 가능한가__89

    공헌의 실행__92
    전문가가 성과를 올리게 하려면__103
    인간관계에서 가져야 할 자세__107
    회의에서 성과를 올려라__114

4. 강점을 살려라__119

　강점에 의한 인사__121
　상사를 관리하라__151
　스스로 성과를 올린다__155

5. 가장 중요한 것부터 시작하라__163

　과거로부터 탈피하라__170
　업무의 우선 순위, 열등 순위를 결정하라__176

6. 의사결정이란 무엇인가__185

　두개의 사례연구__188
　어떤 의사결정 과정을 거쳐야 하는가__199

7. 성과를 올리는 의사결정이란?__231

　의사결정과 컴퓨터__255

8. 성과를 올리는 것을 습득하라__263

　역자 후기__277

1

성과를 올리는 능력은
습득할 수 있다

경영자, 즉 모든 일을 끝까지 완수해야 할 지위에 있는 사람의 과제는 성과를 올리는 것이다. 다시 말해서 모든 업무는 성과를 올려야만 의미가 있다.

기업이나 병원, 정부 기관, 노조, 대학, 군대 그 어느 조직에서든 경영자는 항상 해야 할 업무를 완수할 수 있으리라 여겨진다. 즉, 성과를 올릴 것으로 기대되고 있는 것이다.

그러나 그럼에도 불구하고 이런 지위에 있는 사람 중에서 큰 성과를 올리는 사람은 극히 적다. 그들이 고도의 지적 능력을 갖고 있는 것은 당연하다. 그들은 상상력도 풍부하다. 지식 수준도 높다. 그러나 지적 능력이나 상상력, 지식 등과 성과를 올리는 것은 거의 관계가 없다.

머리가 좋은 사람이 종종 어처구니 없을 정도로 성과를 올리지 못하는 경우가 있다. 이럴 때 대체로 그들은 지적인 능력이 그대로 성과에 연결되는 것이 아니라는 사실을 충분히 인식하지 못하고 있다. 그들은 지적인 능력이 체계적인 작업을 통해서만 성과에 연결된다는 사실을 모르고 있는 것이다.

반대로 모든 조직에서 착실하게 성과를 올리는 사람들이 있다. 머리 좋은 사람이 종종 창조성과 혼동하는 열기나 번잡함 속에서 우왕좌왕하고 있을 때, 이들은 우화에 나오는 거북이처럼 한 걸음 한 걸음 나아가 먼저 목표에 도달한다.

지적 능력이나 상상력, 지식은 어디까지나 기초적인 자질이다. 그러한 자질을 성과에 연결시키기 위해서는 성과를 올리기 위한 능력이 필요하다. 지적 능력, 상상력, 지식은 성과의 한계를 설정할 뿐이다.

왜 성과를 올리는 경영자가 필요한가

 이런 이야기는 당연한 것처럼 보인다. 그렇다면 모든 일을 책임지고 완수할 지위에 있는 경영자 업무에 관한 책과 논문이 산더미 같이 나오고 있는 시대에, 왜 성과를 올리는 문제에 대해서는 이렇게까지 주의를 기울이고 있지 않는 것일까?
 그 이유 중 하나는 성과를 올리는 것이 조직에서 일하는 지식 노동자의 고유한 기능이기 때문이다. 또한 극히 최근까지 그 같은 지식 노동자는 극히 소수였기 때문이다.
 육체 노동자는 능률을 올리면 충분하다. 해야 할 일을 판단하고 그것을 완수하는 능력이 아닌, 정해진 일을 정확하게 수행할 능력만 있으면 된다. 육체 노동자의 일은, 예를 들면 구두와 같은 생산물의 양과 질에 의해서 평가할 수 있다. 이 100년 동안 우리들은 이미 물건의 양을 측정하고 질을 파악하는 방법에 관해 많이 배워 왔다. 그리고 그 결과 육체 노동자의 생산성은 크게 높아졌다.
 옛날에는 모든 조직에 기계공이나 군대의 사병과 같은 육체 노동자가 압도적으로 많았다. 업무를 지휘해야 할 사람은 거의 필요 없었다. 즉, 다른 사람의 일을 지시할 사람은 그다지 필요하지 않았다.

너무나도 소수였기 때문에 성과를 올리는 것은 - 그 시비는 제쳐 놓고라도 - 당연하게 여겨져 왔다. 이런 것은 타고난 소질을 체득하고 있는 소수의 사람들, 즉 다른 사람이 애써 배워야 하는 것을 태어나면서부터 알고 있는, 어느 분야에나 존재하는 몇몇 사람들에게 의존함으로써 가능했다.

이것은 기업이나 군대에 국한된 것이 아니다. 남북 전쟁 시대의 '정부'는 오늘날에는 믿을 수 없을 정도로 작았다. 북군의 문관은 50명 이하였고 게다가 대부분은 업무를 책임지는 지위의 사람이나 의사 결정자가 아닌, 통신 담당이었다. 1900년경 테어도르 루스벨트 시대의 연방 정부는 요즈음의 정부 청사 하나에 수용할 수 있었다.

오늘날의 병원에서는 환자 한 사람 당 2.5명이나 되는 X선 기사, 검사 기사, 영양사, 의사, 사회 복지사 등 각종 의료 서비스 전문가들이 오래 전에는 없었다. 그 당시에는 소수의 간호사, 청소부, 요리사, 간병인이 있는 정도였다. 간호사를 조수로 쓰는 의사가 유일한 지식 노동자였다.

따라서 그때 조직에서 가장 중요한 문제는 지시된 작업을 하는 육체 노동자의 능률 향상이었다. 지식 노동자는 지배적인 존재가 아니었다.

게다가 옛날에는 지식 노동자 중 극히 소수의 사람만이 조직에 속해 있었다. 지식 노동자 대부분은 고작해야 사무원 한 명을 데리고 있는 수준에서 전문가로서 독립해 업무를 수행했다. 그들이 성과를 올리는지 올리지 못하는지는 그들 자신이 관심을 가져야만 하고, 그들 자신만이 관계 있는 문제였다.

그러나 오늘날에는 지식을 기반으로 하는 조직이 사회의 중심적인 존재다. 현대 사회는 조직 사회다. 그러한 대조직의 중심적인 존재는 근력과 숙련 기능이 아닌, 두뇌를 써서 일을 하는 지식 노동자다. 근력과 숙련이 아닌 지식과 이론을 사용하게끔 학교에서 교육받은 사람들이 많은 조직에서 일하고 있다.

그들은 조직 목적에 기여하고 성과를 올릴 수 있는 사람들이다. 그런 사회에서는 성과를 올리는 것이 당연한 것으로 치부되지 않는다. 아니 가볍게 취급할 수조차 없는 것이다.

산업 공학이나 품질 관리 등 육체 노동자의 일을 측정, 평가하기 위한 시스템은 지식 노동자에게 적용될 수 없다. 불량품을 생산하기 위해 설계도를 대량 제작하는 엔지니어링 부서만큼 어리석고 비생산적인 부분은 없을 것이다. 지식 노동자가 성과를 올리기 위해서는 적절하고 목표에 걸맞는 업무를 수행하지 않으면 안 된다. 그런 일은 육체 노동을 위해 개발된 방법으로는 측정할 수 없다.

지식 노동자를 직접, 그리고 세밀하게 감독하는 것은 불가능하다. 고작 옆에서 도와주는 정도가 가능한 수준일 것이다. 지식 노동자는 스스로를 감독해야 한다. 또한 자신의 일을 업적에 연결시키고, 성과를 올리기 위해 스스로를 감독하지 않으면 안 된다.

얼마 전 『뉴요커』에 이런 만화가 실린 적이 있다. 문에는 에이 잭스 비누 회사 찰스 스미스 판매 부장이라고 쓰여 있고, 벽에는 '생각하자'라는 커다란 액자가 걸려 있다. 사무실 가운데에 있는 남자가 다리를 책상 위에 걸치고 천정을 향해 담배 연기를 둥글게 내뿜고 있다. 밖에서 지나가던 두 남자가 "정말로 비누 문제를 생각하고 있는지 누가 알아?"라고 이야기하고 있다.

사실 지식 노동자가 무엇을 생각하고 있는지는 확인할 길이 없다. 그러나 생각한다는 것 자체가 지식 노동자의 고유한 일이다. 생각하는 것이 그들이 해야 할 일이다.

또한 지식 노동자에 대한 동기 부여는 자신이 성과를 올릴 수 있느냐에 달려 있다. 그 자신이 업무를 완수할 수 있느냐 없느냐에 달려 있는 것이다. 만일 성과를 올릴 수 없다면 자신이 하고 있는 일이나 공헌에 대한 의욕은 감퇴하고, 9시부터 5시까지 수동적으로 몸을 움직이고 있는 존재에 지나지 않게 된다.

지식 노동자는 독립적으로 떼어 놓았을 때 그 어떤 직접적인 성과물도 생산하지 못한다. 하수구나 구두, 부품 등과 같은 물적 생산물은 만들어 내지 않기 때문이다. 그들은 지식, 아이디어, 정보를 만들어 낸다.

그런 지식 노동자의 생산물은 그 자체로는 도움이 되지 않는다. 누군가 다른 사람, 다른 지식 노동자가 그것을 이용해 새로운 생산물로 변화시켜야 비로소 현실 세계의 물건으로서 도움을 준다. 아무리 위대한 지혜가 있어도 행동이나 행동 양식에 적용되지 않는다면 의미 없는 데이터에 지나지 않는다.

따라서 지식 노동자에게는 육체 노동자가 할 필요 없는 행위가 필요하다. 자신의 성과를 다른 사람에게 제공하는 것이 그것이다. 구두 한 켤레와 같은 생산물 자체의 효용을 기대할 수는 없다.

지식 노동자는 미국이나 유럽, 일본과 같은 고도의 선진국 사회가 국제 경쟁력을 획득하고 유지하기 위한 유일한 생산 요소이다.

이 점은 특히 미국에서 타당하다고 말할 수 있다. 미국이 국제 경쟁력을 유지할 유일한 자원은 교육이다. 미국의 교육도 그 이상에는 멀다. 그러나 다른 가난한 나라보다는 훨씬 이상에 가깝다.

교육은 가장 비용이 많이 드는 투자이다. 자연 과학의 박사급에는 한 사람 당 10만 달러에서 20만 달러의 사회 투자가 필요하다. 전문적인 자격 없이 졸업하는 대학생조차 5만 달러 이상의 사회 투자를 필요로 한다. 그와 같은 재원은 아주 풍요로운 사회가 아니면 조달하기 어렵다.

따라서 교육은, 지식 노동자의 생산성만 확보할 수 있다면 가장 풍요로운 국가인 미국이 가장 우위성을 지킬 수 있는 유일한 영역이다.

여기서 지식 노동자의 생산성이란 해야 할 일을 해 내는 능력을 말한다.

성과를 올려야만 하는 사람은 누구인가

오늘날의 조직에서 자신의 지식이나 지위 때문에 조직의 활동과 업적에 실질적으로 기여해야 할 지식 노동자는, 이미 경영자[The Executive]이다.

조직 활동과 업적이란, 기업의 경우 신제품을 내놓는 것이고 시장에서 높은 점유율을 차지하는 것이다. 병원의 경우라면 환자에게 의료 서비스를 제공하는 것이다. 그런데 조직의 그와 같은 능력에 대해 실질적인 영향력을 행사해야 하는 경영자는 스스로 의사 결정을 내려야 한다. 명령에 따라 행동하는 것은 바람직하지 않다. 또한 그는 스스로의 기여 수준에 책임을 져야 한다. 그는 지식을 갖고 있음으로써 조직 내 다른 누구보다도 적절한 의사 결정을 내릴 수 있는 사람으로 여겨지고 있기 때문이다.

그의 의사 결정은 무시될지도 모른다. 좌천되거나 해고될 수도 있다. 그러나 어떤 일을 담당하고 있는 한, 그 일의 목표나 기준, 그리고 공헌은 그에게 달려 있다.

관리자 모두가 그렇지는 않지만, 대부분은 모든 일을 완수해야 하는 인간, 즉 경영자이다. 현대 사회에서는 관리자가 아닌 사람도 대부분 경영자이다.

지식 중심의 조직, 지적 조직에는 — 최근 분명하게 밝혀진 것처럼 — 책임 있는 지위, 의사 결정을 내리는 지위, 권한을 가진 지위에 관리자뿐만 아니라 독자적으로 업무를 수행할 전문가가 필요해지고 있다.

이 점은 베트남의 정글에서 젊은 보병 대위와 했던 인터뷰에서도 알 수 있다.

"이 혼란한 상황에서 어떻게 지휘하고 있는가?"라는 질문에 그 젊은 대위는 이렇게 대답했다.

"이 주변에서 책임자는 나뿐이다. 부하가 정글에서 적과 맞닥뜨려 당황해도 떨어져 있으면 아무 것도 해줄 수 없다. 그래서 나의 임무는 그럴 때 어떻게 해야 하는지를 가르치는 것이다. 실제로 어떻게 해야 하는지는 상황에 따라 다르다. 그 상황은 그들밖에 판단할 수 없다. 물론 책임은 나에게 있다. 그러나 어떻게 할 것인가는 바로 그 자리에 있는 사람이 결정하는 것이다."

이 같은 게릴라전에서는 병사 전원이 경영자다.

관리자 가운데는 경영자가 아닌 사람도 많이 있다. 즉, 조직 안에는 부하, 그것도 꽤 많은 수의 부하를 거느리고 있으면서도 조직 전체의 성적에 별 영향을 미치지 못하는 사람들이 있다. 공장 안의 조·반장 대부분이 이 범위에 들어 간다.

그들은 글자 그대로 감독자에 지나지 않는다. 그들은 타인의 업무를 관리한다는 의미에서 관리자이다. 그러나 그들에게는 부하의 업무 방향을 잡아 주거나 일의 성질이나 방법을 결정하는 데는 어떤 책임이나 권한도 없다. 그리고 그들 감독자 자신의 업무도 주로 능률이나 양, 즉 육체 노동자의 일과 그 성적을 측정, 평가하기 위해 개발된 기준에 의해 평가된다. 지식 노동자가 경영자인지의 여부는 타인을 관리하고 있는 것과는 관계 없다.

어떤 기업에서는 시장 조사 책임자가 200명의 부하 스탭을 거느리고 있는 데 비해 경쟁 기업에서는 시장 조사 책임자가 단지 비서 한 사람만을 데리고 있을지도 모른다.

이 차이가 기대되는 실적의 차이를 의미하지는 않는다. 그 차이는 조직상의 사소한 일에 지나지 않는다. 물론 200명이 있으면 한 사람보다 많은 일을 할 수 있다. 그러나 그 결과로 보다 생산적이고 높은 실적을 올릴 수 있다고는 말할 수 없다.

지식 노동은 양에 의해서 규정되지 않는다. 코스트에 의해서 규정되지도 않는다. 단지 성과에 의해서만 규정된다. 그러므로 부하의 수나 관리적인 업무 크기는 지식 노동의 내용을 파악하는 실마리가 될 수 없다.

시장 조사에 보다 많은 사람을 투입하면 그만큼 통찰력과 상상력, 업무의 질이 향상되고 기업의 급속한 발전과 성공의 가능성을 여는 결과를 얻을지도 모른다. 만약 그렇다면 200명의 인원도 적다고 할 수 있다.

그러나 반대의 측면으로, 그 시장 조사 책임자에게는 200명의 사람이 끌고 들어오는 문제나 그들 사이의 상호 작용에 의해 생기는 문제에 압도당할 위험도 똑같이 존재한다. 부하들을 관리하기에만 바쁘고, 시장 조사나 중요한 의사 결정을 내릴 시간이 없어질지도 모른다.

그렇게 되면 숫자 체크하기에 바빠, '우리의 시장은 무엇인가'라는 아주 기본적인 질문을 잊어버릴지도 모른다. 이렇게 되면 기업의 쇠퇴를 초래할 시장의 중요한 변화를 놓칠 수도 있다.

물론 스탭을 갖고 있지 않은 시장 조사 책임자도 생산적일 수도, 비생산적일 수도 있다. 그는 기업을 번영으로 이끌 지식과 통찰의 원천이 될 수도 있다. 반대로 학자들이 종종 연구와 혼동하는 각주적이고 부수적인 일에 시간을 투자해 어떤 것도 보거나 듣거나 생각하지 못할지도 모른다.

지식을 중심으로 하는 조직에서는 한 사람도 관리하고 있지 않지만 실질적으로 경영자인 사람이 있다. 물론 베트남의 정글 부대처럼, 조직 구성원 전원이 항상 조직 전체의 생사에 연관되는 의사 결정을 내리는 상황에 있는 예는 드물다.

그러나 기업 연구소에서 연구 테마에 관한 의사 결정을 하는 화학자는 장차 기업의 장래를 좌우할 기업가적 의사 결정을 하고 있는 것인지도 모른다. 그 화학자는 연구 본부장일지 모른다. 아니, 신입 사원은 아니라 해도 전혀 관리상의 책임을 지지 않는 일개 연구원일 수도 있다.

또한 경리 장부에 무엇을 '제품'으로 규정할 것인가를 결정하는 것은 어떤 회사에서는 수석 부사장의 업무일 수도 있다. 그러나 신입 사원의 업무인 경우도 있다. 이런 것은 오늘날의 대조직 내 모든 분야에서 눈에 띄고 있다.

나는 지위나 그 지식 때문에, 일상 업무에서 조직 전체의 활동과 업적에 대해 중요한 영향을 미칠 의사 결정을 내리는 관리자와 전문가 등의 지식 노동자를 '경영자[The Executive]'라고 이름지었다.

그러나 지식 노동자 대부분이 경영자는 아니다. 지식 노동도 다른 노동과 마찬가지로 정형적인 업무가 있다. 하지만 경영자는 조직도에 표시되어 있는 것보다는 훨씬 큰 비율을 차지하고 있고, 이런 사실이 폭넓게 인식되기 시작하고 있다. 관리자와 전문가, 양자에 대해 평가와 보수의 평행적인 상승 코스를 마련하는 시도가 그 하나의 조짐이다.

그러나 오늘날 기업이나 정부 기관, 연구소, 병원 등 가장 평범한 조직에서조차 중요하고 결정적인 의사 결정을 내리는 사람들이 얼마나 많은지는 거의 알려지지 않고 있다.

지식에 의한 권위는 지위에 의한 권위와 똑같이 정당하고 필연적인 것이다. 그리고 그들의 의사 결정은 최고 경영자의 의사 결정과 본질적으로 같다.

우리들은 이미 최하층의 관리자가 기업의 사장이나 정부 투자 기관의 장이 하는 일과 똑같은 종류의 일, 즉 기획, 조직, 통합, 조정, 동기 부여, 그리고 성과 측정까지 하는 것을 알고 있다. 물론 여기서 의사 결정 범위는 극히 한정된 좁은 것일지도 모른다. 그러나 그 범위가 설사 아무리 좁다고 해도 그 범위 내에서 그는 분명히 경영자이다.

오늘날에는 모든 계층에서 의사 결정을 수행하는 사람이 기업체의 사장이나 정부 기관의 장과 똑같은 종류의 일을 하고 있다. 권한의 범위는 대단히 제한되어 있고 조직표나 전화 번호부에 지위나 이름이 나와 있지 않을지도 모른다. 그러나 그는 경영자이다. 그리고 최고 경영자이건 신입 사원이건, 그가 경영자인 한 성과를 올리지 않으면 안 된다.

이 책의 많은 부분은 기업과 정부 기관, 군대, 병원 등의 최고 경영자의 업무나 경험을 사례로 들고 있다. 그 주요한 이유는 그런 예가 보다 쉽고 사실상 종종 공표되고 있기 때문이다. 그리고 큰 조직이 작은 조직보다 분석이나 이해가 쉽기 때문이다.

그러나 이 책은 최고 경영자가 수행하는 업무나 수행해야 할 업무에 관해 서술한 것은 아니다. 이 책은 지식 노동자로서 자신의 조직에 기여할 수 있게 행동하고 의사 결정을 내릴 책임을 가진 모든 사람을 위한 책이다. 즉 내가 경영자라고 이름 붙인 사람 모두를 위해 쓴 것이다.

경영자를 둘러싼 현실

경영자가 처한 상황은, 그들이 성과를 올리기를 요구하면서 동시에 성과를 올리는 것을 어렵게 만들고 있다. 경영자 자신이 성과를 올리려고 노력하지 않는 한, 그를 둘러싸고 있는 현실은 그들을 무가치하게 만들고 만다.

조직에 속해 있지 않은 지식 노동자의 현실을 보면 그런 문제를 찾아낼 수 있을 것이다.

예를 들면 의사는 성과를 올린다는 점에서 별 문제가 없다. 진찰실에 오는 환자는 의사의 지식이 성과를 올리는 데 필요한 모든 것을 갖고 있다. 그리고 환자를 진단하는 동안 의사는 환자에 전념할 수 있다. 일이 중단되는 것을 최소한으로 억제할 수 있는 것이다.

의사가 해야 할 공헌도 분명하다. 중요한 것과 중요하지 않은 것의 구분은 환자를 괴롭히는 병에 의해 결정된다. 게다가 환자의 고통은 의사의 업무 순서를 정해 준다. 일의 목적과 목표도 분명하다. 그것은 환자의 건강을 회복시키는 것, 아니면 적어도 고통을 완화시키는 것이다.

의사가 스스로 업무 자세를 정비하고 일을 조직하는 능력이 다른 사람보다 탁월하지는 않다. 그런데도 성과를 올리는 데 큰 곤란을 느끼는 의사는 거의 없다.

그런데 조직 안의 경영자는 완전히 다른 상황에 처해 있다. 통상 그는 자신이 거의 통제할 수 없는 4개의 큰 현실에 둘러싸여 있다. 그러한 현실은 조직과 일상 업무 속에 포함되어 있다. 게다가 그러한 4개의 현실 모두가 업무 성과를 올리고 업적을 쌓는 것을 철저하게 방해하는 방향으로 작용해 온다. 그는 그런 현실을 불가피하게 여기고 공생하는 길 이외에 달리 선택의 여지가 없다.

성과를 방해하는 경영자의 현실

1. 우선 경영자의 시간은 다른 사람이 마음대로 전부 사용하고 만다.

경영자를 몸의 움직임에 의해, 즉 그의 활동에 의해 정의한다면 조직의 죄수라고 할 수 있을 것이다. 누구라도 그의 시간을 빼앗을 수 있다. 실제로 아무나 그의 시간을 빼앗는다. 그 결과 그가 할 수 있는 것은 거의 아무 것도 없게 된다.

그는 의사처럼 문에서 얼굴을 내밀고 간호사에게 "30분 동안 아무도 들여보내지 마시오."라고 말할 수 없다. 설령 그렇게 말한다고 해도 그 순간에 전화벨 소리가 울리고 최상의 고객, 시의 고위 관리, 아니면 상사와 이야기하지 않으면 안 된다. 이미 귀중한 30분은 날아가 버리고 만다.

2. 경영자는 자신이 살아 움직이며 업무를 하고 있는 현실을 변화시키기 위해 적극적으로 행동하지 않는 한, 항상 일상 업무에 쫓길 운명에 처해 있다.

예를 들면 미국에서는 사장이나 이사가 기업 전체를 책임진 사람으로서 기업의 방향을 설정하는 데 시간을 들여야 함에도 불구하고, 현장의 마케팅 부문이나 공장 운영에 관한 업무에 휘말린다고 비판하는 소리를 듣는다.

  그리고 그들은 특정의 기능별 부문을 거쳐 승진해 왔기 때문에, 경영 전반에 책임을 지는 지위에 올라가도 과거 자신의 직책을 통해 익힌 경험에서 벗어나지 못한다고 비난받는다.

  그러나 승진 경로가 미국과 완전히 다른 나라에서도 같은 형태의 비판이 들린다. 예를 들어 게르만계 나라에서 최고 경영자에 이르려면, 본사 기구 스탭으로 출발해 각 부문을 두루 거쳐야 한다. 그럼에도 불구하고 독일, 스웨덴, 네덜란드에서도 최고 경영자는 미국과 마찬가지로 너무 일상 업무에 얽매인다고 비판받고 있다.

  게다가 이런 경향은 최고 경영자에만 국한되지 않고 모든 경영자에게서 발견할 수 있다. 따라서 일상 업무에 붙잡히는 문제에는 승진 경로, 인간의 습성 이외의 다른 이유가 있는 것이다.

  그 근본적인 문제는 경영자를 둘러싼 현실이다. 단호하게 행동하지 않는 한, 일상 업무의 흐름은 그의 관심과 행동을 결정하고 만다.

  의사의 경우에는 일의 흐름에 자신을 맡기는 것이 옳다. 들어오는 환자에게 "어떻게 오셨습니까?" 하고 묻는 의사는 자신의 업무와 관계 있는 대답을 기대할 수 있다. "잠을 잘 수가 없습니다. 3주일간이나 잠을 자지 못하고 뒤척였습니다."라는 호소는 가장 우선적으로 취급해야 할 문제를 가르쳐 준다. 진찰을 통해 그 불면증이 훨씬 심각한 질병의 증상 중 하나라고 판단하는 경우에도 며칠 정도 푹 잠들 수 있게 조치해 줄 수 있다.

그러나 일상 업무는 경영자에게 – 대부분의 경우 – 문제점의 본질은커녕 아무 것도 가르쳐 주지 않는다. 의사에게 환자의 호소가 중요한 것은 그것이 환자에게 중요한 문제이기 때문이다. 이에 반해 경영자는 훨씬 복잡한 세계와 직면하고 있다. 무엇이 본질적으로 중요한 의미이고 무엇이 파생적인 것에 지나지 않는지 개별 사물의 외형 자체로부터 알 방법이 없다.

증상에 대한 환자의 이야기가 치료의 실마리가 되는 것에 반해, 개별적인 사실과 현상은 경영자에게 문제의 징후조차 알려 주지 않는다. 따라서 일상 업무의 흐름에 몸을 맡긴 채 어떤 일을 하고 무엇을 받아들일 것인지를 결정한다는 것은 일상 업무에 스스로를 매몰시키고 있음을 의미한다. 그는 뛰어난 사람일지도 모르지만, 얻을 수 있는 성과가 거의 없는 일에 그의 지식과 능력을 쓰고 있음에 틀림없다.

경영자에게 필요한 것, 정말로 중요한 것은, 업무의 성취와 성과를 향해 움직이게 하는 것이 무엇인지를 판단하는 기준이다. 그러나 그와 같은 기준을 일상 업무 속에서 찾아내기는 힘들다.

3. 경영자가 성과를 올리는 데 장애가 되는 세 번째 현실은, 그가 조직 안에서 일하고 있다는 것이다. 즉, 경영자가 되는 사람은 다른 사람이 그의 실적을 이용해 줄 때만 성과를 올릴 수 있다는 사실이다.

조직은 개인의 강점을 증대시키기 위한 수단이다. 조직은 개개 인간의 지식을 다른 사람의 자원이나 동기, 전망으로 사용한다.

지식 노동자는 지식 노동자이기 때문에 서로 비슷한 점조차 없다. 각각이 다른 기능을 갖고 다른 관심을 갖는다. 세무, 회계, 종묘학, 아니면 시청의 간부 양성에 관심을 갖는다. 그리고 그들의 동료는 각각 원가 계산의 세부 내용이나 병원 경영, 시 조례의 집행력에 관심을 갖는다. 그런데도 불구하고 그들 모두는 동료가 생산한 것을 이용하는 능력을 갖지 않으면 안 된다.

보통 경영자가 성과를 올리는 데 가장 중요한 사람은 직속 부하가 아니다. 그것은 다른 분야의 사람, 조직표에서는 횡적 관계에 있는 사람이다. 아니면 상사일 수도 있다. 그러한 사람들과 연관 관계를 갖고 자신의 실적이 그들의 업무에 이용되고 성과와 결부되지 않는다면, 그는 아무런 성과도 올릴 수 없게 될 것이다.

4. 끝으로 경영자는 조직의 내부에 있다는 현실이다.

기업, 정부 기관, 연구소, 대학, 군대, 그 어느 곳에서든 모든 경영자는 자신이 속한 조직의 내부를 가장 가까운 곳에서 직접적인 현실로서 본다. 설령 조직의 외부를 본다고 해도 두껍고 굴절된 렌즈를 통해서 볼 뿐이다. 바깥 세계에서 무엇이 일어나고 있는지 직접적으로는 알 수 없다. 게다가 바깥 세계의 현실은 조직 내부의 기준에 의해서 재단되고, 보고서라는 고도로 추상화된 필터를 통해서 받아들여진다.

그리고 조직 그 자체가 추상적인 존재이기도 하다. 조직은 크기도 높이도 없는 수학적인 점으로 표시된다. 큰 조직일지라도 주위 환경에 비하면 그 존재는 대단히 미미한 것이다.

게다가 조직 내부에는 성과가 존재하지 않는다. 모든 성과는 외부 세계에 있다. 예를 들면 고객이 제품이나 서비스를 구입해서 기업의 노력이나 비용을 수입과 이익으로 변화시켜 줄 때만 기업도 성과를 올릴 수 있는 것이다.

고객은 시장의 수급 관계에 따라 의사 결정을 하는 자유 경쟁하의 소비자인 경우도 있지만, 비경제적인 가격 판단에 기초해 의사 결정을 내리고 수급을 조정하는 사회주의 정부하의 소비자인 경우도 있다. 그러나 그 어느 경우에도 의사 결정을 내리는 사람은 기업 내부가 아닌 외부에 있다.

마찬가지로 병원은 환자가 있음으로 해서 비로소 성과를 올린다. 그러나 환자는 병원 조직의 한 사람이 아니다. 환자에게 병원은 입원하고 있는 동안에만 실존한다. 가능하면 빨리 병원 없는 세상으로 돌아가는 것이 환자의 가장 큰 희망이다.

조직 내부에서 생기는 것은 노력과 코스트뿐이다. 기업에는 이윤 센터가 있다고들 하지만 단순한 수사에 지나지 않는다. 기업에는 노력 센터가 있을 뿐이다.

일정한 성과를 얻기 위해 투입한 노력이 적을수록 훌륭하게 업무를 수행했다고 할 수 있다. 시장이 요구하는 만큼의 자동차나 철강을 생산하기 위해 10만 명이나 되는 종업원을 필요로 한다는 것은 사실 기술상의 미숙을 반영하는 데 지나지 않는다.

내부 환경에의 봉사라는 조직의 유일한 존재 이유로부터 본다면 사람이 적을수록, 조직이 작을수록, 그리고 조직 내의 활동이 작을수록 조직은 보다 완전에 가까워진다.

그와 같은 현실의 외부 환경은 조직의 내부로부터는 유효하게 통제할 수 없다. 전쟁에서 전황이 양쪽 군대의 행동과 의사 결정에 따라 움직이듯이, 외부 결과는 다른 주체와의 상호 작용에 의해 달라지는 정도이다.

물론 기업은 판매 촉진이나 광고 선전을 통해 고객의 선호나 추이를 이끌어 내려고 노력한다. 그러나 전시 경제처럼 극도로 물자가 부족한 시기를 제외하면 최종적인 결정권, 거부권을 가진 사람은 어디까지나 **고객이다**(그리고 이 점이야말로 모든 공산주의 국가 경제가 극도의 궁핍 상태에서 벗어나, 고객이 소비의 최종 결정을 내릴 수 있는 시장에 충분한 상품 공급을 할 수 있기 훨씬 이전에 수많은 문제에 직면했던 이유다).

그러나 경영자의 눈에 가장 잘 보이는 것은 항상 조직 내부이다. 또한 화급을 다투는 일이 존재하는 것도 조직 내부이다. 항상 귀에 들리는 것은 조직 내부의 인간 관계, 접촉, 문제와 도전, 대립과 소문이다.

따라서 경영자는 외부 현실 세계에 접촉하려고 특별한 노력을 기울이지 않는 한, 점점 조직 내부에 관심의 초점을 맞추게 된다. 게다가 지위가 올라갈수록 외부의 여러 사건보다도 내부 문제에 더 주의를 기울인다.

　사회적 존재로서 조직은 생물 조직과 완전히 다르다. 그러나 크기와 구조, 관계에서는 인간 조직도 동식물의 법칙에 따른다. 즉 표면적은 반지름의 제곱으로 증가하고, 부피는 세제곱으로 증가한다. 따라서 동물은 커질수록 몸 자체의 유지와 내부의 기능, 즉 순환계와 신경계의 작동을 위해 많은 자원을 흡수해야 한다.

　여기에 반해 아메바는 외부 환경과 부단하고 직접적인 접촉을 가진다. 아메바는 외부 환경을 지각하고, 자기 몸의 일체성을 유지하고 보호하기 위한 어떤 기관도 필요로 하지 않는다. 그러나 인간처럼 크고 복잡한 동물은 몸을 유지하기 위해 우선 골격이 필요하다. 또 소화, 흡수, 호흡, 생식 등 전문화된 다양한 기관을 필요로 한다. 그리고 무엇보다도 두뇌와 신경 조직을 필요로 한다.

　아메바는 조직 대부분이 생존과 증식에 직접적으로 관련이 있다. 그러나 고등 동물의 몸은 무엇보다도 몸 구조 상의 복잡함과 외부와의 단절에서 비롯된 곤란함을 극복하는 데 쓰인다.

　사회적 조직은 존재 자체가 목적은 아니다. 종(種)의 영속을 성공이라 할 수는 없다. 이 점이 동물과 다른 점이다. 조직은 사회의 기관이다. 외부 환경에 공헌하는 것이 목적인 것이다.

　그런데도 조직이 성장할수록, 특히 성공할수록 경영자의 관심과 정력, 능력은 조직 내부의 업무에 점령당하고 외부 세계에 대한 본래의 임무와 성과는 잊혀지고 만다.

이 위험은 컴퓨터와 정보 기술이 발달할수록 커진다. 우둔한 기계인 컴퓨터는 정량적인 데이터를 처리할 수 있을 뿐이다. 컴퓨터는 데이터를 대단히 빠르고, 정확하고, 정밀하게 처리한다. 과거에는 불가능했던 대량의 정량적인 데이터를 제공해 주는 것이다. 그러나 대체로 빠르게 정량화할 수 있는 데이터는 조직 내부에 관한 데이터이다. 비용이나 생산량, 환자에 관한 통계, 교육 훈련의 보고 정도이다.

다른 한편 조직 외부의 중요한 개개의 사건과 현상은 이미 손 쓸 수 없을 정도로 늦어 버린 시기가 되지 않는 한 정량적인 형태로는 입수되지 않는다.

이것은 외부 현상에 대한 정보 수집이 컴퓨터의 연산 능력보다 늦기 때문은 아니다. 그런 것이 원인이라면 통계적인 노력을 덧붙이면 해결된다. 그와 같은 기술적인 제약을 극복하려고 한다면 컴퓨터는 대단한 도움을 줄 수 있을 것이다.

근본적인 문제는, 조직에 가장 중요한 의미를 가진 외부 사건이 대부분 뚜렷한 형태를 갖고 있지 않고 정량화할 수도 없다는 것이다. 그것들은 아직 '사실'로 나타나지 않고 있다. '사실'이란 누군가가 분류하고 꼬리표를 붙이는 사건이나 현상을 말한다.

정량화를 위해서는 개념이 있어야 한다. 그리고 무한한 사건의 집합으로부터 특정 사건을 추출하고 명칭을 붙이고 헤아려 놓지 않으면 안 된다.

　엄청나게 많은 수의 기형아를 만들었던 탈리도마이드 사건은 전형적인 예이다. 유럽의 의사들이 이상하게 기형아가 많이 태어나는 것 – 즉 뭔가 새로운 특별한 원인이 있음에 틀림없다고 생각할 정도로 기형아가 많은 것 – 에 관심을 쏟을 만큼 충분한 통계를 입수했을 때는 이미 피해가 걷잡을 수 없이 확산되고 있었다.
　그러나 미국에서는 한 공중 보건의가 – 그 자체로는 별 의미가 없는 – 신약에 의한 피부 통증이라는 문제를 포착해 완전히 다른 성질의 사건을 예견하고 신약 탈리도마이드가 보급되기 전에 경종을 울려 피해를 미리 막을 수 있었다.
　포드의 자동차 '에드셀'도 똑같은 교훈을 준다. '에드셀'의 설계를 위해 당시 손에 넣을 수 있는 정량적인 데이터는 모두 수집되었다. 당연히 생산된 '에드셀'은 목표 시장에서 요구하는 자동차라는 것이 숫자로 증명되어 있었다. 그러나 미국 시장은 이미 소득이 아닌 기호에 의해 분화되고 있다는 형태적 변화가 아직 통계로 밝혀지지 않고 있었다. 그 변화가 숫자로 알려졌을 때 이미 '에드셀'은 판매되었고, 그리고 실패했다.

　외부 세계에서 진실로 중요한 것은 경향이 아니다. 그것은 변화이다. 그리고 이 외부 변화가 조직과 노력의 성공과 실패를 결정한다. 그러나 그와 같은 변화는 지각해야 할 뿐 정량화하거나 정의하거나 분류할 수 없다. 에드셀의 경우가 그랬듯이 분류를 통해 수치를 얻을 수는 있다. 그러나 그런 수치는 현실을 반영하지 못한다.

컴퓨터는 논리의 기계다. 그것은 강한 만큼 동시에 한계가 있다. 외부의 중요한 현상은 컴퓨터나 어떠한 시스템이 처리하는 형태로는 파악할 수 없다. 반면 인간은, 특히 논리적으로는 탁월하지 않지만 지각적인 존재이다. 그리고 그 점이 강점이다.

위험은 컴퓨터의 논리와 언어에 나타나지 않는 정보나 작업을 경영자가 소홀히 하는 데서 나온다. 위험은 현실의 지각적인 사실에 눈을 감고 과거의 현상에만 관심을 가지면서 시작되는 것이다. 방대한 양의 컴퓨터 정보는 외부 현실과의 괴리를 초래할 우려가 있다.

경영의 도구로서 컴퓨터는, 경영자에게 외부 세계와의 괴리를 인식시키고 외부 현상에 보다 많은 시간을 쪼갤 수 있도록 그들을 해방시키는 존재가 되도록 해야 한다.

그러나 지금은 진행성 '컴퓨터병'의 위험이 존재한다. 이것은 심각한 병이다. 하지만 컴퓨터는 옛날부터 존재하고 있었던 상황을 더 부각시키는 데 지나지 않을 뿐이다. 경영자는 언제나 조직 내부에서 생활하고 일을 한다. 따라서 의식적으로 외부 세계를 지각하려고 노력하지 않으면 내부 세계의 힘에 의해 외부의 있는 그대로의 존재가 보이지 않게 되는 것이다.

이상에서 서술한 4가지 사실은 변할 수 없다. 경영자가 존재하기 위한 필요 조건이기도 하기 때문이다. 따라서 경영자는 성과를 올리는 것을 배워야 하고, 자신이 처한 환경을 극복하려는 특별한 노력 없이는 성과를 올릴 수 없다는 것을 알아야 한다.

성과를 올리는 능력의 향상

성과를 올릴 수 있는 능력 향상만이 경영자의 업무나 성과, 만족도를 크게 개선시키는 유일한 방법이다. 물론 두드러지게 뛰어난 능력을 가진 사람을 고용하는 것도 해결책일 수 있다. 또 뛰어나게 탁월한 지식을 가진 사람을 데려올 수도 있을 것이다.

그러나 아무리 노력해도 능력과 지식의 특출한 향상을 기대하기는 어렵다. 아니 어느 한계 이상은 힘들 것이다. 우리들이 신종 슈퍼맨을 키우는 것은 불가능하다. 그러므로 우리들은 지금 있는 사람을 데리고 조직을 운영하지 않으면 안 되는 것이다.

지금 시중에 나와 있는 경영 관리자 육성에 관한 책을 보면 내일의 '경영자 상(像)'으로서 다재 다능한 인간을 그리고 있다. 그런 책은 이상적인 경영자는 분석이나 의사 결정을 내리는 데 있어 비범한 재능을 가져야 한다고 강조한다. 또한 그는 동시에 사람과 협력해 일하고, 조직과 힘의 역관계를 잘 알고, 숫자에 밝고, 예술적인 통찰력과 창조적인 상상력을 갖춰야만 한다고 한다. 즉, 모든 분야에서 천재적인 인간을 요구하고 있는 것이다.

그러나 그와 같은 인간은 어떤 시대에도 극히 드물다. 인류 역사는 어떤 분야에서든 뛰어난 인간보다 무능한 인간이 훨씬 많다는 것을 보여 주고 있다. 우리는 고작해야 한 분야에서 뛰어난 능력을 가진 인간을 조직에 받아들이고 있을 뿐이다. 그리고 보통 한 분야에 뛰어난 능력을 가진 사람은 다른 분야에는 평범한 재능밖에 갖고 있지 않다.

따라서 우리들은 한 분야에서 강점을 가진 인간이 그 강점을 일에 사용하도록 조직을 만들어야 하는 것이다(자세한 설명은 제4장 참조).

만능의 인간을 요구해서도 안 되지만, 능력에 관한 기준을 끌어 올림으로써 경영자의 업무 능력을 향상시키려 해서도 안 된다. 즉, 인간의 업무 능력 향상은 인간 능력의 비약적인 증대가 아닌, 일처리 방법의 개선을 통해 이루어져야 하는 것이다.

지식에 대해서도 똑같이 말할 수 있다. 탁월하고 보다 나은 지식을 가진 사람을 손에 넣는다 해도 거기에 소요되는 비용은 기대되는 성과에 비하면 너무 크다.

오퍼레이션 리서치(Operation Research, OR)가 처음 등장했을 때, 몇몇 젊고 우수한 연구자들이 미래의 OR 전문가가 가져야 할 조건에 관한 책을 출판했다.

그들은 모든 분야에 관한 지식을 갖고 모든 분야에서 독창적이고 우수한 능력을 가진 재능 있는 인간을 추구하고 있었다. 그 책 중 하나에서는 OR 전문가가 실로 62개의 자연 과학과 인문 과학 분야에서 고도의 지식을 가져야 한다고 쓰고 있었다.

그러나 나는 만일 그런 사람을 발견한다 해도 고작 재고 관리나 생산 공정 관리에 모처럼의 능력을 낭비하는 것은 아닌지 우려될 뿐이다.

오늘날의 관리자 육성 프로그램은 회계, 인사, 마케팅, 가격 설정, 경영 분석, 그리고 심리학을 비롯한 행동 과학, 물리, 생물, 지질학에 이르는 자연 과학에 관한 고도의 지식까지 요구하고 있다. 경영자들은 최신 기술의 동향, 세계 경제의 복잡함, 현대 정부 기구의 거대함까지 이해하기를 요구받고 있다.

그러나 그 어느 분야도 전문 학자조차 감당하기 어려운 너무 폭넓은 분야이다. 학자들 자신도 그러한 분야 하나에 특화되어 있고, 분야 전체에 관해서는 초보자 정도의 지식을 갖고 있을 뿐이라고 시인하고 있다.

물론 나는 그런 여러 분야의 기초에 관한 이해가 필요치 않다고 말하는 것은 아니다.

오늘날 기업이나 정부 기관, 병원의 세계에서 젊은 고학력자가 부딪치는 어려움은, 자신의 전문 분야에 관련된 지식은 잘 알고 있으나 그 이외의 분야에 대해서는 제대로 알지 못한다는 점이다.

분명 경리 전문가가 인간 관계론에 관해서 자세히 알 필요는 없다. 기술자는 신제품의 판매 촉진 방법을 상세히 알 필요가 없다. 그러나 그러한 분야가 어떠한 분야이고, 왜 필요한지, 무엇을 하려는 분야인지는 알아야 한다.

비뇨기과 전문가로서 일류가 되기 위해서 정신 의학에 정통할 필요는 없다. 그러나 정신 의학이 어떠한 분야인지 알고 있으면 더 좋을 것이다.

 농무성에서 일하는 사람이 좋은 실적을 쌓기 위해서 국제 조약에 밝을 필요는 없다. 그러나 보호적인 농업 정책 때문에 국제 관계에서 커다란 피해를 받는 일이 없도록 국제 정치에 관한 지식은 갖고 있는 편이 좋을 것이다.

 만능 전문가가 필요한 것은 아니다. 그와 같은 사람은 만능의 천재와 마찬가지로 존재하기 어렵다. 우리들에게 필요한 것은 하나의 전문 분야에서 탁월한 인간을 어떻게 활용할 것인가이다. 즉, 그들이 가진 능력의 성과를 증대시키는 방법을 배우는 것이다. 자원 투입을 증대시키지 않는다면 자원 산출을 증대시켜야 한다. 그리고 성과를 증대시키는 방법을 배우는 것이야말로 능력이나 지식이라는 자원으로부터 보다 많이, 그리고 보다 좋은 결과를 만들어 내는 유일한 수단이다.

 성과를 증대시키는 능력은 조직의 필요라는 면에서 볼 때 중요하다. 그리고 동시에 개인의 자기 실현과 업적의 필요성이라는 측면에서도 역시 중요하다.

성과를 올리는 능력은 습득될 수 있는가

 만약 성과를 올리는 능력이 음악이나 미술에서 필요한 재능처럼 천

부적으로 주어진다면 비극일 것이다. 어떤 분야에서도 위대한 재능은 극히 드물기 때문이다. 만일 재능이 천부적인 것이라면 성과를 올릴 능력의 소유자를 빨리 발견하고, 최선을 다해 그 재능을 길러 내야만 할 것이다. 그러나 그런 방법으로 현대 사회에 필요한 만큼의 경영자를 확보하는 것은 거의 불가능하다.

성과를 올리는 능력이 천부적 재능이라면 오늘날의 문명은 – 그 유지가 불가능하다고까지는 말할 수 없어도 – 그 기반이 대단히 약화되어 버렸을 것이다. 왜냐하면 오늘날처럼 대조직에 기반을 둔 문명은 성과를 올릴 능력을 가진 경영자를 대량으로 필요로 하기 때문이다.

그러나 거꾸로 만약 성과를 올리는 능력이 습득될 수 있다면 이제 문제는 다음과 같이 바뀔 것이다. '그 능력은 무엇으로부터 생겨나는가', '구체적으로 무엇을 습득해야 하는가', '습득 방법은 어떤 것인가', '그 능력은 지식인가, 지식으로써 체계적으로 습득 가능한가', '도제적인 수업에 의해서만 습득할 수 있는가, 아니면 기본 훈련의 반복에 의해서만 습득할 수 있는가'.

나는 이런 문제에 관해 오랫동안 연구해 왔다. 컨설턴트로서 많은 조직에서 경영자와 일해 왔지만, 성과를 올리는 것은 두 가지 의미에서 나 자신에게도 결정적으로 중요한 의미를 갖고 있었다.

우선 첫째로, 그 정의로부터 본다면 지식에 의한 권위만을 가진 컨설턴트는 우선 자기 자신이 성과를 올려야 한다는 것이다. 만일 성과를 올리지 못한다면 그는 완전히 무가치한 사람이 되고 만다.

둘째로, 최고의 성과를 올리는 컨설턴트조차 주어진 임무를 완수하기 위해서는 조직 내부 사람에게 의존하지 않으면 안 된다는 것이다. 이들이 갖고 있는 성과를 올리는 능력이 결국 컨설턴트가 성과를 올릴 수 있는지, 아니면 단순히 코스트 센터, 또는 고작해야 수도사의 역할 밖에 할 수 없는지를 결정한다.

그리고 나는 '성과를 올리는 인간 유형'이라는 것이 존재하지 않음을 꽤 빨리 알아차렸다. 성과를 올리는 경영자들은 기질이나 능력, 일 처리 방법, 성격, 지식, 관심 등에 있어 천차만별이었다. 공통점은 해야 할 일은 반드시 해내는 능력을 갖고 있다는 것 뿐이었다.

그들 중에는 외향적인 사람도 있었고, 초연한 내향적인 사람, 때로는 병적으로 보일 정도로 부끄러움을 타는 사람도 있었다. 과격한 사람도, 애처로울 정도로 순응적인 사람도 있었다. 살찐 사람도, 마른 사람도 있었다. 걱정이 많은 사람도, 낙천적인 사람도 있었다. 술을 잘 마시는 사람도, 술을 싫어하는 사람도 있었다. 매력적인 사람도, 냉동 생선처럼 차가운 사람도 있었다.

리더의 이미지 꼭 그대로인, 눈에 확 띄는 사람도 있었다. 반대로 그 존재가 거의 눈에 띄지 않을 정도로 별다른 특색이 없는 사람도 있었다. 학자풍, 연구자풍의 사람도 있었고 문자 해독을 거의 못하는 사람도 있었다. 폭넓은 관심을 가진 사람도 있었고, 좁은 영역 이외에는 어떤 관심도 없는 사람도 있었다.

이기적이지는 않지만 대단히 자기 중심적인 사람들도 있었다. 마음이 넓은 사람도 있었다. 일에서 삶의 보람을 찾는 사람도 있었고, 지역 사회나 교회의 일, 한시 연구나 현대 음악 등 업무 이외의 부분에 많은 관심을 가진 사람도 있었다.

내가 만났던 성과를 올리는 경영자 중에는 논리와 분석력을 가진 사람도 있었고, 지각이나 직관을 가진 사람도 있었다. 간단하게 의사 결정을 해 버리는 사람도 있었고, 한 발짝 움직일 때마다 고심하는 사람도 있었다.

바꿔 말해서 성과를 올리는 경영자도 의사나 고등학교 선생, 바이올리니스트와 똑같이 천차만별이었다. 그들은 성과를 올리지 못하는 경영자와 똑같이 천차만별이다. 게다가 그 타입이나 개성, 또는 재능이란 측면에서 볼 때 성과를 올리는 경영자와 올리지 못하는 경영자를 구별하기란 거의 불가능했다.

성과를 올리는 경영자에게 공통된 점은 그들의 능력이나 그들의 존재를 성과에 연결시키는 습관적인 힘이다. 이 점은 기업이나 정부 기관에서 일하는 사람이나, 병원 이사장, 대학 총·학장이라도 거의 똑같은 것이다.

이와는 반대로, 내가 알고 있는 한 지능이나 근면함, 상상력이나 지식이 아무리 탁월하다 해도 그와 같은 습관적인 힘이 없는 경영자는 성과를 올리지 못했다.

바꿔 말해서 성과를 올리는 것은 일종의 습관이다. 즉 습관적인 능력의 집적이다. 그리고 습관적인 능력은 항상 습득 가능한 것이다. 습관적인 능력은 단순하다. 특히 단순하다. 일곱 살짜리 어린애조차도 이해할 수 있을 정도이다. 다만 충분하게 습득하는 것이 대단히 어려울 뿐이다.

이것은 구구단을 배울 때처럼 연습을 통해 습득해야 한다. 6×6=36이 아무 생각할 필요 없이 조건 반사적으로 튀어 나오듯이 몸에 체득해야 한다. 습관이 될 때까지 진저리가 날 정도로 반복해서 습득하지 않으면 안 된다. 습관적인 능력은 연습을 거듭해야 비로소 습득할 수 있기 때문이다.

내가 어렸을 때 피아노 선생님이 화가 나서 나에게 이렇게 말씀하신 적이 있다.

"네가 모짜르트를 슈나벨처럼 훌륭하게 연주해야 하는 건 결코 아니야. 하지만 음계는 슈나벨처럼 치지 않으면 안 된단 말이야." 이 말은 모든 실기에 정확히 들어맞는다.

그러나 아마 너무도 당연한 말이기 때문인지는 모르지만 그 피아노 선생이 덧붙여 말하지 않은 것이 있다. 그것은 위대한 피아니스트조차 연습에 연습을 거듭하지 않았더라면 그처럼 탁월하게 피아노를 연주할 수 없었을 것이라는 점이다.

어떤 분야에서든 보통 인간이라면 보통의 능력은 몸에 익힐 수 있다. 탁월하게는 될 수 없을지 모른다. 탁월하게 되려면 특별한 재능이 필요하다. 하지만 성과를 올리는 데는 성과를 올리기 위한 수준의 능력이면 충분하다. 즉, 음계를 보고 칠 수 있다면 그것으로 충분한 것이다.

경영자가 성과를 올리기 위해 체득해야 할
습관적인 능력은 다섯 가지다.

1. 어디에 자신의 시간을 투자해야 하는지를 아는 것이다. 그리고 남은 토막 시간을 체계적으로 관리하는 것이다.

2. 외부 세계에 대한 기여에 초점을 맞추는 것이다. 일의 과정이 아닌, 성과에 정력을 쏟는 것이다. 일에서 출발해서는 안 된다. 물론 일에 관한 방법이나 의견 등에서 출발해서도 안 된다. '기대되는 성과는 무엇인가'를 자문하는 것에서 출발해야 한다.

3. 강점을 기준으로 잡는 것이다. 그리고 상사나 동료, 부하도 그들의 강점을 중심으로 파악하지 않으면 안 된다. 각각의 상황하에서의 강점, 즉 할 수 있는 것을 중심에 놓아야 한다. 이는 약점을 기반으로 해서는 안 된다는 말이다. 다시 말해서 할 수 없는 것에서 출발해서는 안 된다.

4. 두드러지게 성과를 올릴 수 있는 영역에 힘을 집중하는 것이다. 최우선 순위를 결정하고 그 결정을 지키기 위해 스스로를 강제해야 한다. 이는 가장 먼저 해야 할 업무를 하는 것을 뜻

한다. 절대로 두 번째로 돌려야 할 것을 먼저 해서는 안 된다. 만일 그렇게 되면 어떤 일도 성취할 수 없을 것이다.

5. 마지막으로 성과를 올릴 수 있도록 의사 결정을 하는 것이다. 의사 결정이란 수순의 문제이다. 그리고 성과를 올리는 의사 결정은 과거의 사실에 대한 합의가 아닌, 미래에 대한 서로 다른 의견에 기초해서 결정되어야 한다. 또, 다수의 의사 결정을 신속하게 하는 것은 틀린 것이다. 해야 할 것은 기본적인 의사 결정이다. 각각의 전술이 아닌 하나의 옳은 전략에 관한 의사 결정이다.

이런 것들이 성과를 올리기 위한 조건이다. 그리고 이 책의 주요 내용이다.

2

너의 시간을 알라

경영자에 대한 조언은 보통 "일을 계획하라."로부터 시작한다. 당연한 말처럼 들린다. 그런데 문제는 계획이 잘 진행되지 않는다는 데 있다. 계획은 대개 종이 위에서 끝난다. 좋은 의도를 나타내는 것으로 끝나 버린다. 실제로 집행되는 일은 그리 많지 않다.

내가 관찰한 바로는, 성과를 올리는 사람은 일에서 출발하지 않는다. 시간으로부터 출발한다. 계획에서 출발하지도 않는다. 시간이 얼마나 걸리는지 명확히 파악하는 것에서 출발한다.

그 다음으로 시간을 관리해 자신의 시간에서 비생산적인 요소를 없앤다. 그리고 마지막으로 그렇게 해서 얻어진 자유로운 시간을 가능한 한 큰 단위로 모아 둔다. 따라서 다음 세 단계에 걸친 과정이 성과를 올리기 위한 시간 관리의 기본이 된다.

시간 관리의 포인트

- 시간을 기록한다.
- 시간을 관리한다.
- 시간을 하나의 묶음으로 모은다.

성과를 올리는 사람은 시간이 제약 요인이라는 것을 잘 알고 있다. 모든 사업에서 가장 부족한 자원이 성과의 한계를 규정한다. 성과 달성 과정에서 그 자원은 바로 시간이다.

시간은 다른 무엇과도 바꿀 수 없는 독특한 자원이다. 여러 가지 자원 중, 예를 들면 금은 상당히 풍부하다. 덧붙여 말하면 우리들은 경제 성장이나 경제 활동에 대한 제약 요인이 자금 공급이 아니라 자금 수요라는 것을 알고 있어야만 한다.

또 하나의 제약적 자원으로 인적 자원이 있는데, 이것은 충분한 양을 모으는 것은 무리일지라도, 하여튼 고용이라는 형태로 손에 넣을 수 있다.

그러나 시간은 빌리거나, 고용하거나, 사거나 해서 손에 넣을 수 없다. 시간의 공급은 경직되어 있다. 아무리 수요가 많아도 공급은 증가하지 않는다. 시간에는 가격도 없다. 한계 효용 곡선도 없다. 그리고 무엇보다도 간단하게 소멸된다. 저축도 할 수 없다. 어제의 시간은 영원히 과거로 사라지고 결코 돌아오지 않는다. 따라서 시간은 항상 부족한 상태다.

시간은 대체할 수도 없다. 다른 자원이라면 어느 정도 한계가 있더라도 대체할 수 있다. 예를 들면 알루미늄 대신에 동을 쓸 수 있다. 인간 노동 대신에 자본을, 육체 노동을 지식으로 대체한다. 그러나 시간은 대체할 수 없는 것이다.

시간은 모든 분야에서 필요하다. 시간이야말로 가장 보편적인 조건이다. 모든 업무는 시간 안에서 수행되고, 시간을 소비한다. 그런데도 대부분의 사람은 이 대체할 수 없는 필수 불가결한 자원을 당연한 것처럼 취급하고 있다. 아마 시간에 대한 애정이나 배려만큼 성과를 올리는 경영자를 탁월하게 보이게 하는 것은 없을 것이다.

그러나 일반적으로 사람은 자신의 시간을 관리하려는 준비가 되어 있지 않다.

비행기로 대서양을 횡단해 보면 알 수 있듯이, 다른 동물과 똑같이 인간에게도 생물학적인 체내 시계가 있다. 그러나 심리학 실험은 인간은 정확한 시간 감각이 없음을 보여 준다. 특히 자연광에 따른 명암이 차단된 방에 있으면 급속하게 시간 감각을 잃어버린다.

공간 감각은 어둠 속에서도 유지할 수 있다. 그러나 설령 전깃불이 있다고 해도 몇 시간이나 밀폐된 방에 있으면 대부분의 사람은 시간의 경과를 잊어버린다. 지나간 시간을 과대 평가하거나 과소 평가한다. 따라서 우리들은 단순히 기억에 의지하는 한, 얼마나 시간이 지났는지 알지 못한다.

나는 때때로 기억력에 자신 있다는 경영자에게 시간을 어떻게 사용하고 있는지를 메모해 놓고 그 메모를 수주간, 또는 수개월간 덮어 두게 한다. 그리고 그 사이에 실제로 시간 기록을 하게 한다. 나중에 두 가지를 비교해 보면 그들이 생각하고 있던 시간 사용법(이전의 메모)과 실제 기록은 비슷한 구석조차 없음을 알게 된다.

어떤 기업 회장은 시간을 삼등분하고 있다고 확신하고 있었다. 1/3은 간부와의 시간, 1/3은 중요한 고객과의 시간, 1/3은 지역 활동을 위한 시간이었다.

그러나 6주간에 걸친 기록을 검토한 결과, 그는 이 세 가지 활동 그 어느 것에 대해서도 거의 시간을 사용하고 있지 않은 것으로 밝혀졌다. 결국 그의 확신은 반드시 시간을 할애해야 한다는 생각에 지나지 않았다. 그 회장의 머리 속에는 앞에서 예로 든 삼등분에 걸맞는 기억만이 남아 있어서, 그 기억들이 세 가지 일에 시간을 사용하고 있는 것처럼 생각하게 만든 것이다.

예를 들면 이 회장은 상당한 시간을 개인적으로 친구 사이인 고객의 주문에 대해 공장으로 독촉 전화하는 데 쓰고 있었다. 그러나 고객의 주문은 언제나 원활하게 처리되고 있어 그의 간섭은 오히려 그것을 지연시킬 뿐이었다.

처음에 비서가 시간 기록을 보여 주었을 때 그는 믿지 않았다. '기억보다도 기록을 하는 것이 정확하다'라는 것을 납득하기까지는 두 번, 세 번 시간 기록을 하지 않으면 안 되었다.

따라서 시간을 관리하기 위해서는 우선 시간이 어떻게 사용되고 있는지를 알아야 한다.

경영자의 시간은 어디에 사용되고 있는가

시간을 비생산적이고 쓸데없이 낭비하게 만드는 압력은 항상 작용하고 있다. 아무런 성과도 가져오지 못하는 업무가 대부분의 시간을 빼앗아 간다. 그 대부분의 업무는 쓸데없는 일이다. 조직에서 지위가 높아질수록 그 조직은 한층 시간을 요구한다.

어떤 대기업 사장은 사장이 된 후 2년간 크리스마스 이브와 설날 저녁 외에는 항상 외식을 했다고 한다. 모든 업무가 몇 시간이나 걸리는 공식적인 회식이었다. 50년 근속한 퇴직자를 위한 것이든, 회사가 진출한 주(洲)를 위한 것이든, 하여튼 출석하지 않으면 안 되었다. 외식은 그의 업무였다.

게다가 그 사장은 그와 같은 외식이 사실은 회사에도, 자신의 즐거움에도, 자기 개발에도 도움이 되지 않음을 알고 있었다. 그래도 그는 매일 밤 회식에 출석해서 붙임성 있는 태도로 식사를 해야만 했다.

경영자의 업무 중에는 이처럼 시간을 헛되이 쓰는 일이 많다. 판매 부장은 최상의 고객이 전화를 걸어왔을 때 "지금 바쁘다."고 대답할 수 없다. 지난 주 토요일의 브리지 게임 이야기이건, 딸이 원하던 대학에 들어갔다는 이야기이건, 귀를 기울여 주지 않으면 안 된다.

병원장은 병원 내의 모든 회의에 출석해야 한다. 출석하지 않으면 의사나 간호사, 기술자는 자신들이 무시당한다고 느낀다. 정부 기관장은 국회 의원이 전화를 걸어와 전화 번호부나 연감에서 간단하게 찾을 수 있는 정보를 요구해도 찾아주는 편이 좋다. 그런 일이 하루 종일 이어진다.

관리자가 아니라고 해도 사정은 변하지 않는다. 생산성에는 조금도 기여하지 않으면서도 무시할 수는 없는 일들이 시간을 요구한다. 성과를 올려야만 하는 사람의 막대한 시간이 전혀 도움이 되지 않는 일에 낭비된다.

게다가 성과를 올려야 할 사람의 일 대부분은, 설령 극히 작은 성과를 올린다 해도, 한덩어리로 모아진 시간을 필요로 한다. 최소 단위 이하의 시간은 완전히 무의미하다. 이런 시간으로는 아무 것도 달성하지 못하고 다시 새로 일을 해야만 한다.

예를 들면 보고서 원안 작성에는 여섯 시간이나 여덟 시간이 걸린다. 그러나 하루 2회, 15분씩 3주를 준다 해도(그래서 합하면 7시간 반이 된다고 말할 수 있지만) 그것은 무의미하다. 얻어지는 것은 사소한 필기에 지나지 않는다. 문에 열쇠를 걸고, 전화선을 끊고 계속해서 5, 6시간 일해야 비로소 원안 전 단계, 0번 안이 얻어진다.

그리고 난 후 겨우 비교적 짧은 시간 단위로 쪼개서 장, 또는 절마다, 문장마다 다시 고쳐 쓰거나 수정, 편집해서 업무를 진전시킬 수 있다.

실험도 똑같이 말할 수 있다. 장치를 갖춰 대강의 실험이라도 하려면 다섯 시간이나 열두 시간을 한 번에 사용하지 않으면 안 된다. 중단되면 처음부터 다시 시작해야 한다.

성과를 올리려면 시간을 상당히 큰 덩어리로 모아 사용해야 한다. 작은 덩어리로는 아무리 합한 시간이 많다고 해도 불충분하다.

이것은 경영자가 다른 사람과 함께 일할 경우의 시간 사용법에서도 말할 수 있다. 타인은 그가 소유한 시간의 소비자다. 그리고 다수는 그의 시간 낭비자다. 그러나 타인을 위해 수분을 사용하는 것은 완전히 비생산적이다. 사람에게 무엇인가를 전달하려면 꽤 큰 한 덩어리의 시간이 필요하다.

계획이나 방향 설정, 업무에 대해 부하와 15분간 얘기하면 된다고 생각하고 있는 사람은 단지 그렇게 생각하고 있는 데 불과하다. 마음속으로 명심하도록 만들고, 상대에게 영향을 주고 싶다면 최저 한 시간, 많은 경우 그 이상의 시간을 필요로 한다. 인간 관계를 만들어 가고 싶으면 훨씬 더 많은 시간을 투자해야 한다. 지식 노동자와의 관계에서는 특히 시간이 필요하다.

상사나 부하 사이에 계급이나 권위가 장벽으로 존재하지 않기 때문인지 반대로 장애로 존재하기 때문인지, 또는 단순히 사무를 심각하게 생각하기 때문인지, 이유야 어떻든 지식 노동자는 상사나 동료에게 많은 시간을 요구한다.

게다가 지식 노동은 육체 노동처럼 평가 측정하기 어렵다. 그 때문에 제대로 일을 하고 있는지, 어느 정도 잘하고 있는지 등의 내용을 간단한 말 몇 마디로 전달하기는 불가능하다.

육체 노동자에 대해서는 흔히 "표준은 한 시간에 50개인데 당신은 왜 42개밖에 생산하지 못합니까?"라고 말할 수 있다. 그러나 지식 노동자가 만족스럽게 일하고 있는지를 알기는 쉽지 않다. 그들과는 무엇을, 왜 하지 않으면 안 되는지에 대해 함께 의자에 앉아 생각하지 않으면 안 된다. 여기에도 또한 시간이 필요하다.

지식 노동자는 스스로가 방향을 잡을 수 있게 해야 한다. 따라서 무엇을, 왜 기대하고 있는지를 이해시켜야만 한다.

자신이 만들어 내는 것을 활용해야 할 사람들의 업무에 대해서도 이해시켜 두어야 한다. 이를 위해서는 많은 정보와 대화, 지도가 필요하다. 여기에도 시간이 필요한 것이다. 게다가 상사뿐만 아니라 동료도 지식 노동자를 위해서 시간을 할애해 주어야만 한다.

지식 노동자가 다소라도 성과나 업적을 올리기 위해서는 조직 전체의 성과나 업적에 초점을 맞추지 않으면 안 된다. 이 말은 지식 노동자 자신도 눈을 업무로부터 성과로, 전문 분야로부터 외부 세계, 즉 성과가 존재하는 유일한 장소인 외부 세계로 돌리기 위한 시간을 필요로 하고 있음을 뜻한다.

지식 노동자가 성과를 올리고 있는 조직에서는, 조직의 최고 경영자가 정기적으로 시간을 할애해 때로는 신입 사원을 포함한 지식 노동자와 만나, '조직의 최고 경영자로서 당신의 업무에 대해서 무엇을 알아야만 하는가', '이 조직에 대해서 말하고 싶은 것은 무엇인가'를 묻는다. 또한 '우리들의 손이 미치지 못하는 기회는 어디에 있는가', '아직 발견하지 못한 위험은 어디에 있는가', '조직에 관해 나에게 듣고 싶은 것은 무엇인가'를 묻는다.

기업이나 정부 기관, 연구소, 군의 참모 조직, 그 어느 곳에서도 여유 있는 대화가 특히 필요하다. 그와 같은 대화가 없는 경우에 지식 노동자는 열의를 잃고 무사안일주의에 빠져 버린다. 자신의 에너지를 자신의 전문 분야에만 쏟는다든지, 조직의 기회나 필요와는 아무 관계 없는 존재가 되어 버린다.

그러나 그와 같은 대화는 여유 있게, 서두르지 않고 해야만 하기 때문에 대단히 많은 시간을 필요로 한다. 대화에는 여유가 있다고 느껴야만 한다. 그것이 결국은 지름길이다. 그러나 그렇게 하기 위해서는 토막토막 끊어지지 않는 한 뭉텅이의 시간을 준비하지 않으면 안 된다.

업무 관계에 인간 관계가 더해지면 한층 더 많은 시간이 필요해진다. 너무 급히 서두르면 마찰을 빚는다. 게다가 모든 조직이 업무 관계와 인간 관계가 복합되어 성립하고 있다. 함께 일하는 사람이 많을수록 상호 작용에 많은 시간이 걸리게 된다. 그러면 업무 성과나 업적에 할애할 시간은 그만큼 줄어든다.

경영학에는 옛날부터, 예를 들면 경리 담당자, 판매 담당자, 제조 관리자 등 몇 사람의 인간이 함께 일할 때에는, 그 윗사람이 관리할 수 있는 사람의 수에는 한계가 있다는 '관리 한계의 법칙'이 있다. 물론 체인 스토어의 지역 담당 부사장은 이 법칙과는 무관하게 몇 사람의 지점장이라도 관리할 수 있다. 각 지점장은 함께 일하지 않기 때문이다.

그러나 이 법칙의 유효성은 별개로 하더라도 함께 일하는 사람이 많아질수록 일이나 성과가 아닌, 상호간의 작용에 보다 많은 시간을 사용해야 한다는 것은 분명하다. 따라서 조직이 거대화될수록 경영자는 한층 더 많은 시간을 필요로 하게 되는 것이다.

그렇기 때문에 조직이 커지면 커질수록 경영자가 실제로 사용할 수 있는 시간은 적어진다. 그러므로 자신의 시간이 어떻게 사용되고 있는지를 알고 자유롭게 쓸 수 있는 작은 시간을 관리하는 것이 그만큼 중요해진다.

조직 내의 사람이 많을수록 인사에 관한 의사 결정 필요성도 자주 제기된다. 그러나 인사에 대한 결정이야말로 재빨리 집행하지 않으면 잘못되는 경우가 많다. 정확한 인사를 위해 필요한 시간은 놀라울 정도로 많다. 인사에 관한 결정이 어떤 의미를 가지는지는 몇 번을 거듭 생각해야 비로소 명확하게 정리된다.

성과를 올리는 경영자 중에는 의사 결정이 빠른 사람도 있는가 하면 늦은 사람도 있다. 그러나 인사에 관한 의사 결정에 국한해서 보면 한 가지 공통점이 있다. 그들 모두는 시간을 들여 인사를 집행하고 최종적인 결정 전에는 몇 번이나 모의 결정을 시도해 본다.

세계 최대 자동차 메이커인 GM의 최고 경영자였던 알프레드 P. 슬론은 인사에 관한 문제는 결코 그 자리에서 결정하지 않았다고 한다. 그는 대략적인 판단을 하는 데만 보통 수시간을 사용하고 있었다. 게다가 수일 또는 수주 후에는 처음부터 다시 생각했다. 두 번, 세 번 똑같은 이름이 나올 때만 최종 인사를 결정했던 것이다.

　슬론은 최고의 인사를 하는 사람으로 평판이 나 있다. 그러나 그 비결을 물었을 때, 그는 "비결은 없다. 처음에 생각해 낸 이름은 대체로 맞지 않다는 사실을 아는 것에 지나지 않는다. 그래서 나는 몇 번이고 다시 검토해서 결정한다."고 대답했다고 한다. 그러나 슬론은 그렇게 인내심이 강한 사람은 아니었다.

　슬론처럼 훌륭한 인사 의사 결정을 내리는 경영자는 많지 않다. 그러나 내가 알고 있는 성과를 올리는 경영자들은 모두, 인사에 관한 의사 결정에서 옳은 답을 얻기 위해서는 토막나지 않은 수시간이 필요함을 잘 알고 있었다.

　중간 규모의 국립 연구소 소장이 부장 중 한 사람을 그 직책에서 이동시켜야만 했다. 그 부장은 계속 그 연구소에서 일해 왔는데 이미 50대에 접어들어 있었다. 오랫동안 일을 잘 수행해 왔지만 갑자기 능력이 떨어지고 있었다. 부장으로서 업무를 수행할 수 없다는 것이 점점 분명해졌다. 그렇다고 해서 설령 공무원 규칙이 허용한다고 해도 해고시키고 싶지는 않았다. 좌천시킬 수도 있었지만 그렇게 되면 인간으로서 파멸시키고 마는 것은 아닌가 하는 생각이 들었다.

　오랜 기간에 걸쳐 생산적이고 성실하게 업무 처리를 해 왔기 때문에 폭넓은 이해와 아량을 갖고 대처할 필요가 있었다. 그러나 부장직에 그대로 둘 수는 없었다. 결함이 너무도 분명해서, 연구소 자체의 힘을 약화시키고 있었던 것이다. 소장과 부소장은 몇 번이나 의논해 보았지만 해결책을 찾을 수 없었다.

그러나 어떤 조용한 밤 중단 없이 서너 시간 이야기한 결과 명쾌한 해결책을 찾을 수 있었다. 그 해결책은 너무도 간단해서 그 두 사람은 왜 지금까지 이것을 몰랐을까 의아해 할 정도였다. 그것은 연구소로서는 필요하지만 부장으로서는 필요하지 않는 일로 이동시키는 것이었다.

특별한 문제 때문에 설치된 프로젝트 팀에 누구를 넣을 것인가, 기존 또는 신설 부문의 장에 어느 정도의 책임을 주어야 할 것인가, 지금 비어 있는 자리에 마케팅 지식은 있지만 기술적인 훈련은 없는 사람과 일류 기술자이지만 마케팅 경험은 없는 사람 중 누구를 기용해야 하는가 등의 선택이야말로 지속적으로 많은 시간이 필요한 문제이다.

인사에 관한 결정에 시간이 걸리는 것은 신(神)은 조직을 위한 자원으로 인간을 창조하지 않았다는 간단한 이유 때문이다. 인간은 조직에 필요한 업무에 적합한 크기나 형태로 만들어지지 않았다. 그리고 인간을 업무에 적합하도록 다시 조립하거나 주조하는 일도 불가능하다.

인간은 이런 종류의 업무에서는 겨우 합격증을 받는 정도에 지나지 않는다. 따라서 달리 대치할 자원이 없을 때, 즉 인간을 사용해 일할 수밖에 없을 때는 많은 시간과 사색과 판단이 필요하다.

슬라브 농민에게는 '다리가 없을 때 머리를 사용하라'는 속담이 있다. 이것은 에너지 보존의 법칙의 변형이라고 할 수 있는데, 이보다는 '시간 보존의 법칙'이라고 하는 편이 나을 것이다. '다리'의 일, 즉 육체 노동으로부터 시간을 빼내면 '머리'의 일, 즉 지식 노동에 시간을 사용해야만 한다.

기계공이나 사무원 등의 일반 노동자의 업무를 간단하게 하면 지식 노동자가 해야 할 업무는 늘어난다. 업무에서 지식을 빼낼 수는 없다. 지식은 어딘가에서 대단히 큰 덩어리로 사용되지 않으면 안 된다.

지식 노동자에 대한 시간의 요구는 결코 줄지 않는다. 기계공은 일주일에 40시간 일할 뿐이다. 이제는 35시간으로 단축할 수도 있다. 그리고 이들은 과거에 아무리 열심히 일해도, 또 아무리 부자였어도 불가능했던 풍요로운 생활을 누리고 있다. 그러나 기계공의 여가 증대는 지식 노동자의 노동 시간 증대에 의해 보충되어야 한다.

오늘날 선진국에서 늘어나는 여가를 어떻게 보낼 것인지 고민하고 있는 사람은 경영자들이 아니다. 그들은 갈수록 오랜 시간 일하고 있다. 게다가 그들에 대한 시간의 요구는 더욱 늘어나고 있다. 이 때문에 그들의 시간 부족이 개선되기는커녕 한층 악화되어 가고 있다.

그와 같은 사태가 생긴 중요한 원인 중 하나는 높은 생활 수준이다. 그리고 이 높은 생활 수준은 창조와 변혁의 경제를 전제로 하고 있다. 창조와 변혁은 경영자의 시간에 엄청난 요구를 한다.

단시간에 생각하거나 수행할 수 있는 것은, 이미 알고 있는 것을 생각하거나 이미 실시되고 있는 것을 수행할 때뿐이다.

제2차 세계 대전 후 영국 경제의 부진에 대해서 여러 가지 이야기가 나오고 있지만, 그 원인 중 하나는 나이 든 세대의 기업인들이 노동자들과 똑같이 여유를 즐기고, 똑같이 단시간밖에 일하려 하지 않은 데 있다. 그러나 그런 것은 기업에서도 산업계 전체에서도 기존의 틀에 매달려 창조와 변혁을 피해 갈 수 있을 때만 가능하다.

그와 같은 이유, 즉 조직으로부터의 요구, 인사로부터의 요구, 창조와 변혁으로부터의 요구 때문에 경영자의 시간 관리는 점점 중요해진다. 그러나 우선 자신의 시간이 어떻게 사용되고 있는지 알지 못한다면 시간 관리에 대해 생각하는 것조차 불가능할 것이다.

시간 사용법을 진단한다

시간이 어떻게 사용되고 있는지를 알고, 이어서 시간 관리에 돌입하기 위해서는 먼저 시간 기록을 할 필요가 있다는 사실은 이미 1세기 전에 밝혀졌다. 숙련, 미숙련의 육체 노동자에 대해서는 1900년경 '과학적 관리법'으로 육체 노동에 관한 기록을 한 이후 알려져 있다. 그리고 오늘날에는 모든 국가에서 공장 관리를 위한 육체 노동자의 작업

시간 측정이 진행되고 있다.

　우리들은 시간 사용법을 그다지 중요하지 않은 업무, 즉 시간의 효율적 이용과 낭비의 차이가 주로 능률과 코스트에 관련된 문제인 육체 노동에 적용해 왔다.

　그러나 앞으로 중요한 의미를 띨 업무, 특히 시간과 관련된 문제에 대처하지 않으면 안 되는 업무, 즉 성과를 올려야 하는 지식 노동자의 업무에 대해서는 아직 이 지식을 적용하고 있지 않다. 그런데 지식 노동 역시 시간의 효율적 이용과 낭비의 차이가 성과와 업적에 연결될 수밖에 없다.

　따라서 경영자가 성과를 올리기 위한 첫걸음은 현실의 시간 사용법을 기록하는 것이다.

　시간 기록의 구체적인 방법에 대해서는 염려할 필요가 없다. 스스로 기록하는 사람도 있고, 앞에서 말한 회장처럼 비서가 기록해 주는 사람도 있다.

　여기서 중요한 것은 기록하는 것이다. 즉, 기억을 더듬어 나중에 기록하는 것이 아니라 리얼 타임으로 그때그때 기록하는 것이다.

　계속 시간 기록을 하고 그 결과를 정기적으로 매월 봐 두어야 한다. 적어도 연 2회 정도 정기적으로, 3~4주간 기록해야 한다. 그리고 기록을 보고 매일의 일정을 재검토하고 변경해 다시 짜야 한다. 반 년 정도만 지나면 자신이 업무에 치이고, 잡다한 일에 시간을 낭비하고 있음을 알게 될 것이다.

시간 사용법은 연습을 통해 개선할 수는 있다. 그러나 시간 관리를 위해 지속적으로 끊임없이 노력하지 않으면 다시 업무에 휩쓸려 갈 것이다.

시간 기록 다음의 제일보는 시간의 체계적인 관리다. 시간을 낭비하는 비생산적인 활동을 발견하고 가능한 한 이를 배제해 가는 것이다. 이를 위해서는 즉, 시간 사용법에 대한 자기 진단을 위해서는 몇 가지 질문을 자기 스스로에게 해보는 일이 필요하다.

비생산적인 시간 사용에 대한 자기 진단

1. 우선 첫째로 할 필요가 전혀 없는 일, 즉 아무런 성과도 만들지 못하는, 완전히 시간 낭비인 업무를 찾아내 제거해야 한다.

그 같은 시간 낭비를 발견하려면 시간 기록에 나오는 모든 활동을 점검해 그 일을 전혀 하지 않았을 경우에 어떤 사태가 생길까를 생각하면 된다. 대답이 아무 일도 발생하지 않는다라면 그 업무는 즉시 그만두는 편이 낫다.

정신 없이 바쁜 사람이 하지 않아도 별 문제 없는 일을 얼마나 많이 하고 있는지 놀라울 정도이다. 시간을 엄청나게 잡아 먹으면서 즐

겁지도 않고, 가장 바라는 것도 아니고, 게다가 고대 이집트 홍수처럼 매년 참고 견뎌야 하는 행사, 예를 들면 무수한 연설, 저녁 회식, 위원회, 이사 회의가 그것이다.

이럴 때 먼저 해야 할 일은 자신의 조직, 자기 자신, 또는 기여해야 할 다른 조직에 아무런 기여도 하지 못하는 업무에 대해 '아니오'라고 하는 것이다.

앞에서 이야기한, 매일 밤 회식에 나가고 있던 사장이 분석했던 모임의 1/3 이상은 회사에서 누구 한 사람 출석하지 않아도 지장이 없다는 것을 알았다. 아니, 그뿐 아니라 유감스럽게도 초대의 대부분은 자신의 출석을 환영하지 않고 있음도 알았다. 형식적인 예의로서 초대한 것에 지나지 않았던 것이다. 불참할 사람이라고 여겨졌던 그의 출석은 오히려 주최측에 곤혹스러움을 안겨 줄 뿐이었다.

지위나 직무를 불문하고 시간을 요구하는 편지나 서류의 1/4은 휴지통에 처박아도 모를 정도의 것이다. 나는 그렇지 않은 경영자와 만난 적이 없다.

2. 다음으로 '다른 사람이라도 할 수 있는 일은 무엇인가'를 생각하는 것이다.

매일 밤 회식에 참가하고 있던 앞의 사장은 그 연회의 또 다른 1/3

을 다른 간부에게 맡길 수 있다는 것을 알았다. 출석자 명부에 회사 이름만 적으면 되었던 것이다.

경영의 권한 이양에 대해 지금까지 오랜 기간 논란을 벌여 왔다. 오늘날 기업과 정부 기관, 대학, 군 등 모든 조직에서 권한 이양이 촉구되고 있다. 게다가 많은 사람이 여러 차례 그 필요성을 역설하고 있다.

그러나 나는 그와 같은 요구가 어떤 성과를 올렸다는 예를 본 적이 없다. 아무도 귀를 기울이지 않고 있던 이유는 간단하다. 이양을 설득하고 있던 권한의 대부분이 별 의미 없는 것들이었기 때문이다.

권한 이양이 자신의 업무를 다른 사람에게 시키는 것을 의미한다고 생각한다면 그것은 틀린 생각일 뿐이다. 누구나 자신이 해야 할 업무를 하고 있기 때문에 보수를 받고 있는 것이다.

아니면 또한 자주 설명되고 있듯이 "아무 것도 하지 않는 경영자야말로 최상의 경영자다."라는 이유로 권한 이양이 필요한 것도 아니다.

그러나 다른 한편, 자신의 시간 기록을 본 후에 자신이 아니어도 별 문제가 없는 것은 다른 사람에게 맡기면 된다. 왜냐하면 시간 기록을 한 번 슬쩍 보기만 해도 중요한 것, 하고 싶은 것, 자신이 책임져야 하는 일에 사용되는 시간이 거의 없다는 사실이 너무도 분명하게 다가오기 때문이다.

중요한 일에 몰두하려면 다른 사람이 강한 것을 다른 사람에게 맡기는 것 외에 다른 방법은 없다.

하나의 좋은 예가 해외 출장이다. C.N. 파킨슨 교수는 그의 풍자적인 에세이에서, 괴로운 상사로부터 도망치려면 세계 여행을 보내 버리는 것이 가장 좋다고 말하고 있다.

오늘날 제트기는 매니지먼트 도구로서 과대 평가되고 있다. 확실히 해외 출장은 필요하다. 그러나 그 대부분은 젊은 사람이라도 가능하다. 게다가 젊은 사람에게 해외 출장은 새로운 경험이다. 젊기 때문에 호텔에서도 잘 잔다. 피로도 곧 이겨낸다. 따라서 경험이나 훈련은 충분하지만 곧 지치고 마는 나이 많은 상사보다는 출장에서 일을 더 잘 할 수 있다.

자기 이외의 사람이라도 처리할 수 있는 회의가 있다. 가장 중요한 업무에 관한 초안조차 나와 있지 않은 단계에서 단순히 자료를 놓고 토론하기 위해 몇 시간이나 소모하는 회의가 바로 그것이다.

연구소에서 일하는 물리 분야 선임 연구원이 일반인을 대상으로 자신의 업무에 관해 뉴스 해설을 쓰는 데는 몇 시간이나 걸린다. 그러나 물리학자가 말하는 것을 이해할 만한 수준의 과학적 지식을 갖고, 더욱이 물리학자가 고등 수학으로밖에 사물을 설명할 수 없는 것과 달리 알기 쉽게 글을 쓸 수 있는 사람은 주변에 많이 있다.

즉, 성과를 올려야 하는 사람이 수행하고 있는 업무의 대단히 많은 부분은 다른 사람도 충분히 할 수 있는 일이다.

흔히 쓰는 의미의 권한 이양은 틀린 것이고 사람을 오도하는 것이다. 그러나 자신이 해야만 할 업무를 이양하는 것이 아닌, 자신이 해야만 할 업무에 정말로 충실하기 위해서 다른 사람이 할 수 있는 것을 맡기는 것이야말로 성과를 올리는 데 가장 중요한 조건이다.

3. 시간 낭비 원인 중에는 경영자 자신이 조절할 수 있고 그 자신이 개선할 수 있는 부분이 있다. 그것은 그가 낭비하고 있는 다른 사람의 시간이다.

그 같은 시간 낭비를 암시하는 징후는 없다. 그러나 그것은 간단히 발견할 수 있다. 바로 다른 사람에게서 듣는 것이다. "혹시 내가 당신 업무에 도움을 주지 않고, 당신의 시간을 낭비하는 일을 하고 있는가?" 하고 정기적으로 물으면 된다. 대답을 두려워하지 않고 이 질문을 할 수 있는지가 성과를 올리는 경영자의 조건이다.

물론 자신의 업무를 생산적으로 수행하는 방식이 다른 사람의 시간을 많이 낭비하는 경우를 초래하기도 한다.

어떤 대조직의 경리 담당 임원은 내부 회의가 시간 낭비임을 내심 잘 알고 있었다. 그러나 그는 의제에 관계 없이 모든 내부 회의에 관리자 전원을 참가시키고 있었다. 그 결과 회의 출석자가 너무 많아져 버렸다. 게다가 출석자는 회의에 관심이 있다는 것을 나타내기 위해서 적어도 한 번씩은 아무 상관 없는 질문을 하고 있었다. 그래서 회의는 언제나 길어졌다.

그러나 이 담당자는 부하들에게 그 사실을 물어볼 때까지 부하들 역시 회의가 시간 낭비라고 생각하고 있다는 사실을 알지 못했다. 그 때까지 그는 조직 내 전원이 정보를 공유해야 하고, 또 지위에 걸맞는 대우를 받아야만 한다고 생각했다. 그는 회의에 불려오지 않는 사람은 경시당한다거나, 잊혀졌다고 느끼지 않을까 우려하고 있었다.

그러나 지금 그는 다른 방법으로 부하들의 불안을 해소하고 있다. 그는 회의 전에 다음과 같은 연락 메모를 부하 관리자 전원에게 배포하고 있다.

"나는 (스미스, 존스 및 로빈슨, 이 세 사람)을 (수요일 오후 3시)에, (4층 회의실)에서, 의제 (내년도 지출 예산)에 관해 검토하기 위해 회의하려고 찾고 있습니다. 검토에 참가를 희망하는 경우, 또는 정보를 필요로 하는 경우에는 회의에 출석하도록 알립니다. 또 출석할 수 없는 경우에는 회의 종료 후 토의 요약과 결정 내용을 배포함과 동시에 당신의 코멘트를 요청할 것입니다."

이렇게 해서 예전에는 수십 명이 출석해 오후 내내, 한 잔을 걸치면서까지 회의하던 것이 지금은 몇 명의 출석자와 기록하는 비서 한 사람만으로 한 시간 정도면 끝나게 되었다. 게다가 누구 한 사람 소외되었다고 느끼는 사람도 없었다.

불필요하고 비생산적인 시간은 누구나 잘 알고 있다. 그러나 그들은 그런 시간을 정리하는 것을 두려워한다. 잘못해서 중요한 일을 정리해 버리는 것은 아닌지 두려워하는 것이다. 그렇지만 그런 잘못은 곧 고칠 수 있다. 잘못 정리하면 금방 드러나기 때문이다.

막 취임한 미국 대통령은 처음에는 너무 많은 초대에 응한다. 그런데 차츰 그는 초대에 참석하는 것 외에 자신이 해야 할 업무가 있고, 또 그러한 초대의 대부분이 업무에서 성과를 올리는 데 별로 도움이 되지 않음을 알게 된다. 그래서 그는 보통 반대로 그러한 초대를 지나치게 거절해, 그 결과 외부와의 접촉을 잃어버리고 만다. 그 결과 수주 또는 수개월 후에는 신문이나 TV로부터 대중과의 접촉을 잃어버리고 있다고 지적받는다.

그렇게 되면 대통령은 성과와 연관되지 않는 일에 시간을 쓰지 않고, 또 공공 장소를 이용해 국민들에게 직접 호소하면서 그들과 접촉하는 방법을 알게 된다.

사실상 시간을 지나치게 정리할 위험은 그다지 없다. 보통 누구라도 자기 자신의 중요도에 대해서는 과대 평가하기 쉽다. 그리고 자신이 아니면 할 수 없는 일이 너무 많다고 생각한다. 이 결과 대단히 큰 성과를 올리는 사람조차 지극히 많은 불필요하고 비생산적인 업무를 하고 있다.

시간 요구를 지나치게 배제할 위험이 망상에 지나지 않는다는 것은, 상당한 중증 환자나 장애자가 올리는 놀라운 성과로부터도 알 수 있다.

그 좋은 예가 제2차 대전 중에 루스벨트 대통령의 심복으로 있었던 해리 호킨스이다. 당시 죽어가고 있었다는 표현보다도, 거의 죽은 것과 다를 바 없이 중병이었던 그는, 걷는 것조차 고통이었고 하루 걸러 몇 시간밖에 움직일 수 없었다.

그 때문에 그는 정말로 중요한 것 이외에는 모두 정리하지 않으면 안 되었다. 그러나 그는 업무상의 성과를 조금도 손상시키지 않았다. 그러기는커녕 처칠이 '핵심의 대가'라고 부를 정도로 전시의 워싱턴에서 누구보다도 많은 일을 해냈다.

해리 호킨스의 예는 물론 극단적인 경우다. 그러나 이 예는 정말로 노력만 한다면 얼마나 자신의 시간을 조절할 수 있고 성과를 올릴 수 있는지, 또 손실 없이 시간을 정리할 수 있는지를 가르쳐 준다.

시간 낭비의 원인을 진단하라

시간을 진단하기 위해서 앞에서 이야기한 세 가지 문제는 경영자 자신이 통제하기 쉬운 비생산적인 업무에 관한 것이다. 모든 지식 노동자는 항상 그러한 질문을 스스로에게 던지지 않으면 안 된다.

그러나 다른 한편 경영상의 잘못이나 조직상의 결함에 기인하는 시간 낭비가 있다. 그러한 잘못이나 결함은 모든 사람의 시간을 낭비하게 한다. 물론 특히 관리자의 시간을 낭비시킨다.

경영상 조직상의 문제로 인한 시간낭비

1. 시스템의 결여나 선견지명의 부족으로부터 오는 시간 낭비다. 여기서 발견해야 할 징후는 주기적인 위험, 반복되는 위험이다. 두 번 발생한 위기는 다시 일어나서는 안 된다.
매년 발생하는 재고상의 위기는 그러한 종류이다. 컴퓨터의 출현으로 큰 비용을 들이면 이 위험에 극적으로 대처할 수 있게 되었다는 것은 진보도, 아무 것도 아니다.

반복해서 발생하는 위기는 예측할 수 있다. 따라서 예방할 수 있도록 사무적으로 처리 가능한 매일매일의 업무 속에 위험 방지를 일상화시켜 두지 않으면 안 된다.
일상화는 판단력이 없는, 숙련되지 않은 사람들조차도 천재적인 인간을 필요로 하는 업무를 처리할 수 있게 한다. 일상화란 대단히 유능한 사람이 과거의 위기로부터 배우는 것을, 그리고 그것을 체계적이고 단계적인 형태로 정리하는 것을 의미한다. 반복되는 위기는 조직 하부뿐만 아니라 조직의 모든 수준에서 발생한다.

어떤 대기업이 매년 12월이면 위기에 빠졌다. 계절 변동이 큰 업종

이어서 특히 마지막 4/4 분기는 매출이나 수익이 최저로 떨어지고, 또한 이를 예측하기가 대단히 힘들었다. 그러나 그럼에도 불구하고 2/4 분기 말에 제출된 중간 보고에서는 항상 마지막 4/4 분기 수익 예측을 하고 있었다.

그 때문에 매년 마지막 4/4 분기에 들어서면, 그 예측에 맞추기 위해 전사적으로 긴급 계획을 짜야만 했다. 그 때문에 3주에서 5주간은 최고 경영진 중 누군가는 거의 업무를 할 수 없을 지경이 되어 버렸다.

그러나 그와 같은 매년의 위기 해소는 간단히 몇 자 더 적는 것으로 해결할 수 있었다. 4/4 분기난에 하나의 숫자를 적는 대신 폭을 표시하면 되었던 것이다. 이사회, 주주, 금융 기관도 대단히 만족했다. 이렇게 해서 수년 전에는 위기였던 이 숫자 맞추기에 대해 지금은 누구도 크게 신경쓰지 않게 되었다.

뿐만 아니라 최고 경영진이 4/4 분기 실적을 예측한 숫자에 맞추기 위해 시간을 낭비하지 않게 된 결과, 실적 자체가 크게 개선되었다.

맥나마라 장관이 취임하기 전 미 국방성에서는 매년 봄만 되면 회계년도 말인 6월 30일을 설정해 놓고, 최후의 순간이라 부를 정도의 대소동이 전 국방성 조직을 강타하고 있었다.

6월경에는 문관, 무관을 막론하고 모든 관리자가 그 해 의회에서 지출이 승인된 예산을 소화하기 위해 분주히 돌아다니고 있었다. 예산의 반환을 겁내기 때문이었다(이것은 옛 소련 계획 경제의 만성병이기도 하다). 그러나 이 소동은 맥나마라가 즉시 파악했듯이 완전히 불필요한 것이었다. 필요한 예산은 아직 지출되지 않았어도 보유한 영수증에 집어 넣는 것이 법률로 인정되고 있었던 것이다.

반복해서 발생하는 위기는 태만의 한 징후이다.

내가 컨설턴트 업무를 처음 시작했을 때, 제조업에 관한 지식이 하나도 없어 잘 관리된 공장과 그렇지 못한 공장을 구분할 수 없었다. 그러나 나는 곧 잘 관리된 공장은 조용하다는 사실을 알게 되었다. 반대로 산업 서사시를 보는 것처럼 소란스러운 공장은 잘 관리되고 있지 않은 공장이라는 것도 알았다. 잘 관리된 공장은 좀 지루하다. 위기는 예측되고 대처 방법은 일상화되어 있다. 그래서 어떠한 극적인 사건도 일어나지 않는다.

잘 관리된 조직은 심하게 이야기하면 따분한 조직이다. 그 같은 조직에서 진짜 극적인 것은, 어제 발생한 남의 뒤치다꺼리를 위한 대소동이 아니다. 그것은 내일을 위한 의사 결정이다.

2. 시간 낭비는 때때로 인원 과잉으로부터 발생한다.

초등학교 1학년 산수 교과서에는 "우물을 파는 데 두 사람이 이틀

걸린다면, 네 명이 파면 며칠 걸릴까요?"라고 묻는 문제가 있다. 초등학교 1학년에서 옳은 정답은 물론 '하루'이다. 그러나 경영자가 관련된 세계에서 옳은 해답은 '영원히'는 아니겠지만 '4일'이 될 수도 있다.

분명 업무에 필요한 사람이 지나치게 적다는 일은 있을 수 있다. 사람이 너무 부족하면 업무를 끝내기에 좋지 않을지도 모른다. 그러나 그것이 일반적인 상황은 아니다. 훨씬 일반적인 상황은 사람이 너무 많아 업무를 하는 것보다 서로 상호 작용하고 영향을 주고받는 것에 점점 더 많은 시간을 사용하게 되는 것이다.

이 인원 과잉도 꽤 신뢰할 수 있는 징후가 있다. 만일 조직 내 상층 사람들이 자신의 시간 중 어느 정도 이상, 1할 이상을 인간 관계의 문제, 반목이나 마찰, 또는 관할 범위를 둘러싼 다툼에, 아니면 부문간의 협력에 관련된 문제에 사용하고 있다면, 인원이 너무 많다고 거의 확실하게 말할 수 있다. 이럴 때는 서로 전혀 도움이 되지 않은 채 번거롭고 귀찮은 존재가 된다.

스마트한 조직은 서로 충돌하는 것 없이 움직일 여지가 있다. 처음부터 끝까지 설명할 필요 없이 자신의 업무 수행이 가능하다.

인원 과잉의 핑계로 항상 '스탭으로서 열 역학 전문가(또는 특허 전문의, 변호사, 아니면 경제학자)가 필요하다'는 주장이 자주 나온다.

사실 그런 전문가는 그다지 많이 이용되지 않는다. 전혀 사용되지 않을지도 모른다. 그러나 그래도 '필요한 때를 위해서 조직 내에 두어야 한다'고 말한다. 그리고 그런 전문가는 '평소부터 문제를 잘 알고 있을 필요가 있다'고 해서 '처음부터 그룹의 일원일 필요가 있다'고 여겨진다.

그러나 조직 내에 항상 포함시킬 전문가는 매일 필요한 지식이나 기능에 관한 전문가뿐이다. 가끔, 또는 문제가 생길 때마다 필요한 전문가는 조직 밖에 있어야만 한다. 고도의 기능을 갖고 있으면서도 활용하지 못하는 전문가를 끌어안고 있는 것이 조직 전체의 사기에 미칠 영향은 논외로 치더라도 그런 전문가는 필요에 따라 요금을 지불하고 상담하는 편이 훨씬 비용이 싸게 먹힌다.

따라서 그런 전문가를 항상 조직 안에 두고 있는 것은 틀린 것이다.

3. 시간 낭비의 또다른 원인은 조직상의 결함이다. 그 징후는 회의의 과잉으로 나타난다.

회의는 원래 조직의 결함을 보완하기 위해 있는 것이다. 사람은 회의를 하거나 일을 하거나, 둘 중에 하나를 한다. 동시에 두 가지를 다 하는 것은 불가능하다.

변화의 시대에는 꿈에 지나지 않지만, 이상적으로 설계된 조직이란 회의가 전혀 열리지 않는 조직이다. 모든 사람이 업무에 필요한 지식을 모두 알고 있다. 또 일을 하는 데 필요한 자원을 모두 갖고 있다.

회의를 여는 것은 일을 하는 사람들이 서로 협력하지 않으면 안 되기 때문이다. 대개의 상황에서 필요한 지식이나 경험이 한 사람의 머리로는 안 되고 몇 사람 정도가 머리를 맞대야 하기 때문이다.

언제나 회의는 지나칠 정도로 많다. 조직은 항상 사람과 사람이 함께 일할 것을 요구한다. 그 때문에 협력의 기회를 만들어 주려고 하는 행동 과학자의 선의도 번거로운 잔소리로 생각될 정도이다. 그렇다고 해서 성과를 올려야 하는 사람들이 자신들의 시간 중 일정 비율 이상을 회의에 쓴다면 그것은 조직에 결함이 있다는 명백한 증거다.

게다가 회의를 철저히 하기 위해서는 시간이 걸리는 공식, 비공식 소회의가 필요하게 된다. 회의는 목적과 방향을 설정하고 시작하지 않으면 안 된다. 방향 없는 회의는 귀찮을 뿐만 아니라 위험하기까지 하다.

그러나 무엇보다 우선 회의는 원칙이 아닌 예외로 여겨야만 한다. 모든 인간이 항상 회의를 하고 있는 조직은 아무도 할 일이 없는 조직이다.

만일 경영자들의 시간 기록 중 1/4 이상의 시간이 회의에 소모되고 있다면, 그것은 회의 과다병이고 반드시 조직에 결함이 있다고 말할 수 있다.

물론, 심의나 문제 제기를 위한 최고 기관으로서 존재하고 일상 업무에는 전혀 관여치 않는 듀퐁이나 스탠더드 오일 업 뉴저지의 이사회

같이 회의가 목적인 특수한 기관은 별개이다.

이 두 회사에서는 꽤 오래 전부터 이사는 이사회에 출석하는 일 이외에 다른 일을 할 수 없도록 되어 있다. 이것은 재판관이 변호사 일까지 겸임할 수 없는 것과 똑같은 이유에서이다.

원칙적으로 회의 출석이 경영자의 시간 중 많은 부분을 요구해서는 안 된다. 지나치게 많은 회의는 직무 설정 방식이나 조직 단위의 문제가 있음을 나타낸다. 하나의 직무나 조직 단위에 속해야 하는 업무가 몇 개의 직무나 조직 단위로 나뉘어 충돌하고 있음을 나타내고 있는 것이다. 이는 책임이 분산되고 정보가 필요한 사람에게 주어지고 있지 않다는 것을 보여 주고 있다.

어느 큰 회사에서 회의가 유행하고 있던 근본적인 원인은 에너지 사업이라는 전통적이지만 진부한 조직에 있었다. 1900년 이전부터 그 회사의 전통적인 사업이었던 커다란 증기 터빈은 자체의 스탭진을 갖고 독립적으로 경영되고 있던 부서였다. 그러나 제2차 세계 대전 중에 항공기 엔진 분야에 뛰어들면서 대형 제트 엔진이 필요한 항공기와 방산품에 관계되는 또 하나의 부서를 만들게 됐다. 그리고 마침내는 연구소의 작품으로 원자력 부분이 생기면서 조직적으로는 다소간 서로 연결되게 되었다.

그러나 오늘날 이 세 에너지원은 더 이상 자체 시장을 갖고 독립해 있지 않다. 오히려 점점 서로 보완재로서 뿐만 아니라 대체재로서 기능하고 있다. 세 부분 각각은 일정한 상황에서 가장 경제적이고 가장 효과적인 발전 장비이다. 이런 점에서 세 부분은 경쟁적이다. 그러나 그 중의 둘을 조합해 사용하면 어느 한 가지 타입의 장비만으로는 가질 수 없는 수행 능력을 얻을 수 있다.

그 회사가 필요로 하는 것은 분명히 에너지 전략이었다. 그것은 서로 경쟁하면서 세 가지 타입의 생산 장비를 모두 투입할 것인지, 아니면 셋 중에 하나를 주 사업으로 하고 나머지 둘을 보완물로 생각할 것인지, 아니면 셋 중 둘을 하나의 에너지 패키지로 개발할 것인지의 결정을 필요로 했다. 또한 가용 자본을 어떻게 세 분야에 분배할 것인지를 결정하는 것도 필요했다. 그러나 무엇보다도 에너지 사업은, 똑같은 고객을 위해 똑같은 최종 제품인 전력을 생산해 내는 에너지 시장의 현실을 나타내는 하나의 조직이 필요했다.

그러나 이 회사에는 세 가지 부분이 있었다. 각각은 조직이라는 방패를 이용해 다른 것으로부터 보호를 했고, 각자 특별한 습관, 의식, 그리고 출세의 사다리를 가지고 있었다. 그리고 그들은 이후의 10년간 전체 에너지 사업의 75%를 혼자서 수주할 것이라고 즐겁게 확신했다.

그 결과 세 부서는 몇 년 동안 끊임없이 회의를 해야 했다. 각자가 다른 상사에게 보고를 했기 때문에 이러한 회의는 전 고위 그룹을 끌어들였다. 결국 그 세 부서는 한 사람의 관리자 밑에 조직적 구성 요소로서 합쳐졌다.

아직도 상당히 많은 내부 다툼이 진행중이다. 그리고 커다란 전략 결정은 아직 이루어지지 않았다. 그러나 적어도 지금은 이러한 결정들이 무엇인지에 관해 이해하고 있다. 적어도 최고 경영자는 더 이상 모든 회의에서 자리를 지키고 앉아 조정자로서의 역할을 하지 않아도 된다. 그리고 전체 회의 시간은 이전보다 훨씬 줄었다.

4. 마지막으로 시간을 낭비하게 되는 또 하나의 큰 원인은 정보에 관련된 기능 장애이다.

어떤 큰 병원 원장은 오랜 기간 입원이 필요한 환자가 있으니 빈 침대를 찾아주었으면 좋겠다는 의사들의 전화에 응해 왔다.

입원 창구에서 의사에게 비어 있는 침대는 없다고 말할 때에도 이 병원장은 빈 침대를 찾아냈기 때문이다. 병원 창구는 환자의 퇴원을 즉시 알 수 있는 체제가 아니었다. 병동의 간호사는 알고 있었다. 퇴원환자에게 영수증을 건네 주는 회계 창구도 알고 있었다.

그러나 입원 창구에서는 환자 대부분이 아침 회진 후, 점심 식사 전에 퇴원하고 있음에도 불구하고 저녁 5시의 침대 조사 후의 숫자만을 파악하고 있었던 것이다. 천재가 아니라도 이 상황은 간단하게 해결할 수 있다. 간호사로부터 회계 창구로 전해지는 전표의 복사본을 한 매 더 늘려 입원 창구로 보내 주는 것이 그것이다.

더 한층 나쁜 것은 부적절한 정보다

많은 메이커에서 현장 사람이 번역하지 않으면 쓸 수 없는 생산 관계 숫자로 골머리를 썩고 있었다. 그러한 숫자는 경리 전용 평균치이기 때문이다.

현장에서 일상 업무에 부딪치고 있는 사람들은 평균치가 아닌 변동폭을 필요로 한다. 그 때문에 그들은 필요로 하는 데이터를 얻기 위해서 담당자를 정하고, 그 담당자는 매일 몇 시간이나 걸려 다시 계산하고 있었다. 때로는 내부에 경리 시스템을 만들고 있었다. 하지만 경리부에서는 모든 정보가 조정되고 있었다. 문제는 어떤 숫자가 필요하다는 것을 누구도 경리부에 이야기하지 않고 있었다는 점이었다.

인원 과잉, 조직상의 결함, 정보의 불완전 등 시간 낭비를 초래하는 경영상의 문제는 즉시 개선해야 한다. 물론 끈질긴 노력이 필요한 경우도 있다. 그러나 성과는 크다. 특히 시간과 관련된 성과는 크다.

자유로운 시간을 하나로 모아라

시간을 기록해 분석하고 관리하면 중요한 업무에 어느 정도의 시간을 할애할 수 있는지를 파악할 수 있다.

그러면 가장 실적을 올릴 수 있는 업무에 이용 가능한 자유로운 시간은 실제로 어느 정도 남을 것인가? 시간 낭비의 원인이 되고 있는 부분을 가차 없이 잘라 냈다고 해서 자유로운 시간이 그렇게 많이 남지는 않는다.

내가 만난 사람 중에서 시간 관리에 가장 탁월했던 사람은, 최고 경영진의 구조에 대해 상담해 온 어느 큰 은행의 대표 이사였다. 나는 한 달에 한 번씩, 2년에 걸쳐 그와 만났다. 면회 시간은 언제나 1시간 반이었다. 그는 언제나 준비하고 있었고, 나도 똑같이 준비했다.

이야기는 언제나 한 방향으로 좁혀졌다. 1시간 20분 정도 지나면 "드러커씨, 여기서 이야기를 요약하고 다음 달에는 무엇을 논의할 것인지를 말해 주십시오." 하고 그가 말한다. 방에 들어온 지 정확히 1시간 반 후에 그는 방문이 있는 곳에서 악수를 하면서 작별 인사를 한다.

1년 정도 지나서 "왜 언제나 1시간 반입니까?" 하고 묻자, "간단합니다. 내 주의력이 1시간 반 이상 지속될 수 없기 때문입니다. 그 이상 똑같은 문제에 몰두하고 있으면 똑같은 것을 반복하기 시작합니다. 그러나 1시간 반보다 시간이 짧으면 중요한 문제에 깊이 있게 접근하지 못하게 됩니다. 시간이 너무 짧으면 이야기하고 있는 의미를 파악하기 어렵기 때문입니다." 하고 대답했다.

한 달에 한 번, 1시간 반의 만남 동안 전화가 걸려오거나 비서가 얼굴을 내밀고 중요한 고객이 왔다고 알린 적은 한 번도 없었다.

어느 날 그 이유를 물어 보자, "대통령과 아내 이외에는 누가 와도 알리지 말라고 비서에게 일러두고 있습니다. 대통령이 전화하는 일은 있을 수 없고, 아내도 내 방식을 잘 알고 있습니다. 그 밖에 다른 것은 이야기가 끝날 때까지 비서가 보류해 두고 있습니다. 그렇기 때문에 언제나 이 상담 후 30분은 전화를 걸어온 사람에게 전화를 해, 용건을 듣는 시간으로 하고 있습니다. 1시간 정도 기다릴 수 없는 일은 아직 일어나지 않았습니다." 하고 대답했다.

말할 것도 없이 이 대표 이사는 다른 유능한 경영자들이 1달 동안 회의에 푹 잠겨 있는 것보다 훨씬 많은 것을 1달에 한 번, 나와의 면담에서 얻었다고 생각한다.

그러나 이 대단히 자기 통제에 강한 사람조차도 자기 시간의 적어도 반은 그다지 중요하지 않지만 피할 수 없는 일에 쓰고 있었다.

잠깐 들른 중요한 고객과 만난다든지, 그가 없어도 진행될 회의에 참석한다든지, 올라오지 않아야 할 것임에도 불구하고 항상 올라오는 일상적인 문제에 대해 개별적이고 구체적인 의사 결정을 내린다든지 하는 것이다.

자기 시간 중 반 이상을 자기 판단에 의해 자유로이 사용하고 있다는 사람은 실제로 자신이 어떻게 시간을 사용하고 있는지 모르는 사람이라고 잘라 말할 수 있다. 조직의 최상층에 있는 사람 중 중요한 일, 조직에 기여하는 일, 또는 보수를 받고 있는 그 직책에 적합하게 사용되고 있는 시간은 아마 1/4도 없을 것이다. 이것은 모든 조직에 거의 공통되는 현상이다. 특히 정부 기관 상층부에 대한 비생산적인 시간 요구는 다른 종류의 조직보다 훨씬 크다.

지위가 높을수록 통제할 수 없는 시간, 게다가 어떤 도움도 되지 않는 시간 비율이 커진다. 또 조직이 커질수록 조직을 움직이는 생산적이지 않은, 단순히 조직을 유지하고 운영하기 위한 시간이 많아진다.

성과를 올리기 위해서는 자유로이 사용할 수 있는 시간을 한 묶음으로 만들어 둘 필요가 있음을 알아야 한다. 큰 덩어리로 모아 놓은 시간이 필요하다는 것, 그리고 작은 시간은 별 도움이 되지 않는다는 것을 알아야 한다.

설령 하루 시간의 1/4이라도 모으면 보통은 중요한 일을 하기에 충분하다. 반대로, 예를 들면 하루의 3/4의 시간이라도 여기에 15분, 저기에 30분으로 쪼개져 있다면 전혀 도움이 되지 않는다.

따라서 시간 관리의 최종 단계는, 시간의 기록과 분석을 통해 표시된, 자신의 통제하에 있는 자유로운 시간을 하나로 묶어 놓는 것이다.

시간을 하나로 묶는 데는 여러 가지 방법이 있다. 어떤 사람들, 특히 중요한 사람들은 1주일에 하루는 집에서 일을 한다. 이것은 연구자가 자주 사용하는 방법이다.

또 어떤 사람들은 회의나 업무 협의 등 일상 업무를 주 2일, 예를 들면 월요일과 금요일에 모으고, 다른 날, 특히 오전 중은 중요한 문제에 관한 집합적이고 계속적인 검토를 하면서 보낸다.

이것은 앞에서 말한 대표 이사가 시간을 사용하는 방법이다. 월요일과 금요일에 현업 관계 회의를 열거나 일상 문제에 관해 간부와 상담하고 중요한 고객과 만난다.

  화, 수, 목 오후는 계획할 수 없는 일을 위해서 비워 둔다. 급한 인사 결정, 해외 지점장의 귀국, 중요한 고객의 내방, 워싱턴으로의 출장 등이다. 그리고, 화, 수, 목 오전 중은 각각 1시간 반으로 쪼개서 중요한 문제에 몰두한다.

  또 한 가지 꽤 사용되고 있는 방법은 매일 아침 자기 집에서 업무를 처리하는 방식이다.

  S. 칼슨에 의하면 대단히 업무를 잘하는 한 경영자는 매일 아침 출근 전 1시간 반 정도, 전화가 없는 서재에서 일을 한다고 한다.
  시간에 맞추어 출근하기 위해서는 꽤 빨리 일어나야만 한다. 그러나 이 방법은 밤에 일을 갖고 들어와서, 저녁 식사 후에 3시간 일하는 일반적인 방법보다도 훨씬 낫다. 저녁 식사 후에 대개 사람은 업무를 잘하기에 너무 지쳐 있다. 특히 중년 이후에는 빨리 자고 빨리 일어나는 편이 컨디션에 좋다. 게다가 집에서 밤 늦게 일을 하는 것을 일반화하는 것 자체가 이 방법의 최대 결함이다. 낮 시간 관리에 성실하지 못한 데 대한 좋은 변명거리를 주기 때문이다.

  그러나 시간을 한 묶음으로 하기 위한 구체적인 방법보다도 시간 관리 접근법이 훨씬 중요하다.

대부분의 사람들은 중요하지 않은 부차적인 업무를 옆에 제쳐 놓음으로써 자유로운 시간을 만들려 한다. 그러나 그와 같은 접근 방법은 큰 변화를 줄 수 없다. 마음 속에서, 또 실제의 스케줄 조정에서 중요하지 않은 업무에, 크게 기여하지 않는 일에 여전히 최우선권을 주고 있기 때문이다.

그 결과 시간의 새로운 요구가 나오면 임의의 시간 중에서 할당을 하고 결국 그 시간으로 하려고 했던 업무는 희생되고 만다. 수일, 수주 후에는 새로운 위험과 잡다한 일에 파묻히게 되고 모처럼 얻은 자유로운 시간도 사라지고 만다.

이렇게 되지 않으려면 우선 먼저 정말로 자유로운 시간이 어느 정도 있는지를 계산해야 한다. 그러고 나서 적당한 한 뭉텅이의 시간을 확보해야 한다. 그리고 항상 중요하지 않은 업무가 이 확보를 끝낸 시간을 잠식해 들어오지 않나 감시해야 한다.

그리고 시간을 기록해 그 기록을 상세하게 분석하고 생산적이지 않은 업무는 배제해야 한다. 앞에서도 말했듯이 업무를 지나치게 많이 잘라내는 일은 일어나지 않음을 알기 바란다.

시간 관리는 지속적으로 수행되어야 한다. 지속적으로 시간을 기록하고 정기적으로 분석해야 한다. 그리고 자기가 자유롭게 쓸 수 있는 시간의 양을 생각하고 중요한 업무에 대해서는 마감일을 스스로 설정해 놓아야 한다.

내가 알고 있는 큰 성과를 올리고 있는 경영자는 긴급하고 중요한 업무와 그다지 마음이 내키지 않는 업무에 대해 마감일을 붙인 리스트를 만들고 있다. 그렇게 해서 그는 여러 가지 마감일에 늦어지게 되면 자신의 자유로운 시간을 다시 한 번 빼앗기기 시작한다는 것을 알고 있다.

시간은 가장 희소한 자원이다. 게다가 시간을 관리하지 못하면 어떤 것도 관리할 수 없다. 또한 시간 분석은 자신의 업무를 분석하고 그 업무 안에서 무엇이 진정으로 중요한지를 생각하게 한다는 점에서 극히 쉽고도 체계적인 방법이다.

"너 자신을 알라"라는 고대로부터의 지혜로운 처방은 가련한 인간에게는 불가능할 정도로 어려운 문제를 안겨 준다. 그러나 "너의 시간을 알라"라는 명제는 누구도 좇을 수 있다. 그 결과 누구라도 성과의 길을 걷는 것이 가능한 것이다.

3

어떤 공헌이 가능한가

성과를 올리기 위해서는 공헌에 초점을 맞추어야 한다. 업무로부터 눈을 돌려 목표에 눈을 맞춰야 하는 것이다. '조직의 성과에 영향을 주는 기여는 무엇인가'를 스스로 묻지 않으면 안 된다. 즉, 스스로의 책임을 중심에 놓아야 한다.

공헌에 초점을 맞추는 것이야말로 성과를 올리는 열쇠이다. 업무의 내용, 수준, 기준, 영향력에 있어, 또는 상사, 동료, 부하와의 관계에 있어, 아니면 회의나 보고 등 일상 업무에서 성과를 올리는 열쇠이다.

그러나 경영자의 대부분이 초점을 반대로 맞추고 있다. 성과가 아닌 노력에 초점을 맞추고 있다. 조직이나 상사가 자신에게 해주어야 하는 것이나 자신이 가져야 하는 권한을 염두에 두고 있다. 그 결과 성과를 못 올리는 것이다.

어떤 큰 컨설턴트 회사 사장은 회사 고객과의 업무에 최초의 며칠을 사용해, 상대편 회사의 경영진 한 사람 한 사람과 만난다. 그리고 이 새로 시작된 컨설팅 업무나 상대 회사의 조직이나 역사, 사원에 대해 이야기를 한 후 – 듣는 상대방은 여러 수준이지만 – 반드시 "그러면 당신은 보수에 맞게 무엇을 하고 있습니까?" 하고 묻는다.

그 사람에 의하면 대부분의 사람이 "경리부장을 하고 있습니다.",

"판매 책임자입니다." 하고 대답한다고 한다. 때로는 "850명의 부하를 거느리고 있습니다."라고 대답하는 사람도 있다.

"경영 관리자들이 정확한 결정을 할 수 있도록 정보를 제공하고 있습니다.", "고객이 장래에 필요로 하는 제품을 생각하고 있습니다.", "사장이 장래에 해야 할 의사 결정에 대해 생각하고 있습니다."라고 대답하는 사람은 극히 적다고 한다.

아무리 지위가 높아도 노력에 초점을 맞추거나 아래를 향한 권한을 중시하는 사람은 다른 사람의 부하에 지나지 않는다. 이에 반해 아무리 젊은 신입 사원이라도 공헌에 초점을 맞추고 결과에 책임을 지는 사람은 가장 엄격한 의미에서 최고 경영자다. 조직 전체의 업적에 공헌하려고 하기 때문이다.

공헌의 실행

공헌에 초점을 맞춤으로써 전문 분야나 한정된 기능 혹은 부문이 아닌 조직 전체의 업적에 주의를 기울일 수 있다. 성과가 존재하는 유일한 장소인 외부 세계에 주의를 기울이는 것이다. 즉, 각각의 전문 분야, 기능, 부문과 조직 전체, 조직의 목적과의 관계에서 철저하게 생각해야만 한다.

경제적인 재화, 정부 시책, 의료 서비스 등 조직이 만들어 내는 산출물의 궁극적인 목적인 고객이나 환자의 관점으로 사물을 바라보아야 하는 것이다. 이렇게 되면 업무나 업무 처리 방식이 실질적으로 변화한다.

미 정부의 한 대규모 연구소의 출판 국장이 퇴직했다. 그는 연구소가 설립된 1930년대부터 일하고 있었다. 과학자도 아니었고 훈련받은 문장가도 아니었다. 일부에서는 그가 발행한 정기 간행물은 전문적인 것이 아니라고 비판하기도 했다.

그가 퇴직한 후 후임으로 일류 저널리스트가 기용되었다. 그 덕분에 간행물은 고도의 세련미가 흘렀다. 그러나 주요한 독자였던 외부 과학자들은 정기 간행물을 읽지 않게 되었다.

어느 날 오랫동안 협력 관계에 있었던 외부의 유명한 과학자가 연구소장에게 "전임 국장은 우리들을 위해서 글을 썼다. 그러나 새 국장은 우리들을 향해서 쓰고 있다."고 말했다.

전임 국장은 '이 연구소가 성과를 올리기 위해 자신은 어떻게 공헌해야 하는가'를 자문하고 있었다. '외부의 젊은 과학자들에게 이 연구소에 대한 흥미를 유발시키고, 함께 일할 마음을 불러일으키는 것'이 그 대답이었다.

그래서 그는 편집의 초점을 연구소의 중요한 문제, 결정, 논쟁으로 좁히고 있었다. 그 때문에 소장과 충돌한 적도 한두 번이 아니었다. 그러나 그는 물러서지 않았다. "우리들의 출판물의 가치는 우리 마음에 드느냐 들지 않느냐가 아니다. 그것을 읽고 몇 사람의 젊은 과학자가 취직 신청을 해올 것인지, 그리고 그들이 얼마나 유능한지이다."라고 주장했다.

'어떠한 공헌이 가능한가'를 자문하는 것은 자기 직무의 가능성을 추구하는 것이다. 그같이 생각한다면 많은 직무에 대해 우수한 실적을 올리고 있는 사람 대부분이, 그 엄청난 기여의 가능성에서 본다면 극히 작은 실적을 올리는 것에 지나지 않음을 알 수 있다.

미국의 어느 대규모 은행의 증권 대행부는 안정된 이익을 올리지만 단순한 업무를 처리하는 부서로 여겨지고 있었다. 이 부서는 수수료를 받고 회사 주식의 명부 교체를 대행하고 있었다. 주주 명부 관리나 배당금의 발송 등 잡다한 업무를 수행하는 것이다. 상상력 없이 정밀함이나 능률을 필요로 하는 업무였다.

어느 날 이 부문을 담당하고 있던 부 대표 이사가 "증권 대행부는 어떠한 기여가 가능할까?" 하고 자문할 때까지는 그와 같은 부문이었다.

그러나 그는 증권 대행 업무가 거래 회사의 재무 담당 임원과 직접 접촉할 기회를 주고 있는 것에 관심을 가졌다. 게다가 그 회사의 재무 담당 임원은 예금, 대출, 투자, 연금 관리 등 모든 은행 서비스에 대한 구매자로서 의사 결정을 내리는 입장에 있었다.

물론 증권 대행 업무는 효율적으로 운영하지 않으면 안 된다. 그러나 이 사람이 파악했듯이, 여기서는 은행의 모든 서비스에 관한 영업 부대가 될 수 있는 가능성이 있었다. 이렇게 해서 이 은행의 증권 대행부는 새로운 부 대표 이사의 휘하에서 꽤 능률을 올리는 사무실 집단을 넘어서 은행 전체의 대단히 강력한 영업 세력이 되었다.

어떠한 공헌이 가능한지 자문하지 않는다면 목표를 철저히 설정하기는커녕 잘못된 목표를 설정하기 쉽다. 무엇보다도 스스로 설정해야 할 공헌을 좁게 설정할 우려가 있다.

이 두 개의 예로부터도 명백하게 알 수 있듯이, 기여에는 몇 가지 종류가 있다.

모든 조직은 세 가지 영역에 걸친 성과를 필요로 한다. 즉, 직접적인 성과의 영역, 가치 창조와 가치 재확인의 영역, 내일을 위한 인재 육성의 영역의 세 가지이다.

이 세 가지 영역 전부에서 성과를 올리지 않으면 조직은 부패하고 죽는다. 따라서 이 세 가지 영역에 걸친 공헌을 모든 업무에서 받아들여야만 한다. 그러나 이 세 가지 영역의 상대적인 중요도는 경영자 한 사람 한 사람에 있어, 또 조직의 필요에 의해 크게 다르다.

첫 번째 직접적인 성과의 영역은 분명히 눈에 보인다. 기업에서는 매출이나 이익 등의 경제적인 업적이고, 병원에서는 환자의 치료율이다. 그러나 은행의 증권 대행부 예처럼 직접적인 성과라고 해서 누구에게나 명백한 것만으로 국한할 수 없다. 여기서 직접적인 성과가 무엇이어야 하는지가 혼란스러울 때 성과는 기대할 수 없다.

그 하나의 예가 영국 국영 항공 회사의 실적 부진을 들 수 있다. 국영 항공 회사는 우선 첫째로, 사업체로서 운영된다고 여겨지고 있었다. 둘째로, 영국 국가 정책 및 영 연방의 유기적 결합의 체현으로서 그리고 셋째로, 현실적으로는 영국 항공기 산업을 유지시키기 위해서 운영되고 있었다.

이와 같이 직접적인 성과조차 세 개씩이나 목표가 있어, 사업 운영이 그러한 세 개의 목표에 의해 찢기고 딜레마에 빠져 어떤 성과도 올릴 수 없었다.

직접적인 성과는 항상 가장 중요하다. 조직을 살린다는 점에서 영양으로 따진다면 칼로리와 똑같은 역할을 수행한다. 그러나 조직에는, 인체로 비유하면 비타민이나 미네랄과 똑같이 제2의 영역으로서 가치의 이행과 가치의 재확인이 필요하다. 조직은 항상 목적을 갖지 않으면 안 된다. 그렇지 않으면 조직은 혼란에 빠지고 부패하고 파괴된다.

이런 가치를 실현한다는 것은 기술에서 리더십을 획득하는 것일 수도 있고, 시어스 로벅처럼 미국의 일반 가정을 위해 가장 싸고 품질이 좋은 제품과 서비스를 발견하는 것인 경우도 있다. 그러나 가치 또한 성과와 똑같이 자명하지만은 않다.

오랜 기간 미국 농무성은 근본적으로 조화될 수 없는 두 개의 가치관에 시달리고 있었다. 그 하나는 농업 생산성 향상이고 또 하나는 국가의 골격인 가족적 농장의 유지였다. 전자의 가치관을 지향하려면 고도로 기계화된 대규모 사업체로서의 산업적 농장이 적합했다. 후자를 지향하려면 보호받는 비생산적인 농민에 의한 향수어린 농촌이어야 했다.

적어도 극히 최근까지 미국 농정은 이런 두 가지 가치관의 이행이라는 틈바구니에서 몸부림치고 있었다. 그리고 그 결과 달성된 것은 방대한 예산 지출이었을 뿐이다.

세 번째로, 조직은 죽음이라는 살아 있는 인간의 한계를 뛰어넘는 수단이다. 따라서 스스로를 존속시킬 수 없는 조직은 실패한 것이다. 조직은 내일의 조직을 경영할 인간을 오늘 준비해 두지 않으면 안 된다. 그리고 다음 세대는 현재의 세대가 각고와 헌신에 의해 달성한 것 위에 또 다음 세대의 기초가 될 새로운 기록을 만들어 나가야 한다.

비전이나 능력, 그리고 실적에서 지금의 수준을 유지하고 있는 조직은 적응 능력을 잃어버리고 말 것이다. 인간 사회에서 유일하게 확실한 것은 변화이다. 스스로를 변화시킬 수 없는 조직은 내일의 변화에 살아남을 수 없게 될 것이다.

게다가 공헌에 초점을 맞추는 것 자체가 인재 육성에 커다란 도움이 된다. 인간은 부가된 요구 수준에 적응한다. 기여에 조준을 맞춘 경영자는 함께 일하는 모든 인간의 관점과 수준을 높이게 된다.

어떤 신임 병원장이 최초의 회의를 열면서, 한 가지 어려운 문제에 대해 전원이 만족할 수 있는 해답이 나왔다고 생각했다. 그 때 출석자 중 한 사람이 "이것이 브라이언 간호사를 만족시킬 수 있을까?" 하고 말했다. 그러자 즉시 다시 논의가 시작되고 훨씬 야심적이고 완전히 새로운 해결책이 모아질 때까지 논의가 계속됐다.

그 병원장은 브라이언 간호사가 고참 간호사 중 한 사람이라는 사실을 나중에 알았다. 그녀는 특별히 뛰어난 간호사도 아니었고 간호부장을 맡았던 적도 없었다. 그러나 그녀는 담당 병동에서 무엇인가 새로운 것이 결정될 때마다 반드시 "그것이 환자에게 가장 좋은 것일까요?"라고 묻는 것으로 유명했다. 사실 브라이언 간호사의 병동 환자는 회복도 빨랐다.

이렇게 해서 드디어 병원 전체에 '브라이언 간호사의 원칙'이라는 것이 만들어지게 되었다. 병원의 누군가가 늘 이 병원의 목적에 비추어 이것이 최선의 공헌인가를 묻게끔 되었던 것이다.

브라이언 간호사가 은퇴하고 적어도 10년이 흘렀다. 그렇지만 그녀가 설정한 기준은 그대로 남아 그녀보다도 교육이나 지위가 한 차원 위인 사람들에게까지 높은 수준을 요구하고 있다.

공헌한다는 것은 책임감을 갖고, 성과를 올린다는 것을 의미한다.

이런 실행이 없으면 인간은 스스로를 기만하고, 조직을 파괴하고, 함께 일하는 사람을 속이는 결과를 낳게 된다.

경영자에게 가장 자주 보이는 실패 원인은 주로 새로운 지위에 필요한, 스스로 변화해 갈 능력이나 의지가 결여된 데 있다. 그 때까지 성공해 왔던 것과 똑같은 방식을 계속 고집하는 것은 실패할 운명을 뜻한다. 기여해야 할 성과 그 자체가 변하는 것만은 아니다. 앞에서 말한 세 가지 성과 영역 사이의 상대적인 중요도조차 변하기 때문이다.

이 점을 모르고 이전의 직무에서 타당했던 사업을 이전과 같은 방법으로 계속한다면, 새로운 직무에서는 반드시 잘못된 업무를 잘못된 방법으로 수행하는 결과를 빚을 것이다.

제2차 세계 대전 중에 워싱턴에 모인 유능한 경영자 다수가 실패하고 말았던 원인도 여기 있다. 워싱턴이 정치적인 장소였다든지, 그 때까지 독립해 일을 해왔던 사람이 돌연 큰 기계의 톱니바퀴가 되고 말았기 때문이라는 것은 부차적인 원인에 지나지 않는다.

정치적인 감각이 없어도, 두 명 이하의 변호사 사무실에서밖에 일한 적이 없어도, 연방 정부에서 뛰어난 성과를 올린 사람은 많이 있다. 예를 들면 로버트 E. 셔우드는 거대한 전시 정보국 부장으로서 커다란 성과를 올렸다. 작가로서 그가 그전에 경험했던 조직은 책상과 타자수뿐이었다.

전쟁 중에 연방 정부에서 성공했던 사람들은 모두 공헌에 초점을 맞추고 있었다. 그 결과 업무의 내용과 함께 가치의 상대적인 비중까지 변화시키는 것이 가능했다.

실패했던 사람들 쪽이 더 부지런히 일했다는 예는 많다. 그러나 그들은 자신에 도전하지 않았다. 노력의 방향을 변화시킬 필요성에 주의를 기울이지 않았던 것이다.

탁월하게 성공한 예로 60세가 넘어 전국적인 대규모 소매 체인의 사장이 된 인물의 이야기가 있다. 그는 20년 이상이나 제2인자였다. 그보다 몇 살 나이가 어린, 외향적이고 사람과 잘 교제하는 사장 아래서 그는 만족스럽게 일하고 있었다. 사장이 되는 것 따위는 전혀 생각하고 있지 않았다.

그러나 어느 날 사장이 쉰 몇 세의 나이에 돌연 세상을 떠나고 말았다. 그래서 이 충실한 보좌역이 뒤를 잇지 않으면 안 되었다. 새 사장은 경리 파트에서 출발해 원가 계산, 구매, 재고, 융자, 운수 등등의 수치를 취급해 오고 있었다. 그에게 있어서는 – 숫자가 아닌 – 인간 쪽이 더 추상적인 존재였다.

갑자기 사장이 된 그는 "내가 할 수 있고 다른 사람이 할 수 없는 일로, 만일 정말로 잘 되어 나가면 회사를 크게 변화시킬 수 있는 일은 무엇인가" 하고 자문했다. 그리고 그는 그가 할 수 있는 진정한 의미에서의 기여는, 내일의 경영자를 양성하는 일이라는 결론을 내렸다.

물론 그 회사는 몇 년 전부터 훌륭한 간부 양성 계획을 갖고 있었다. 그러나 새 사장은 "계획만으로는 아무 것도 되지 않는다. 내 일은 그 계획이 실시되도록 하는 것이다."라고 말했다.

그 이후, 그는 주 3회 점심 식사 후에 인사부에 들러 젊은 관리자의 개인 파일을 몇 개인가 무작위로 뽑아 냈다. 그리고 방으로 돌아와서 파일을 펼치고 그 젊은이의 상사에게 전화를 걸었다. "로버트슨 씨? 뉴욕 본사 사장입니다. 당신 사무실에는 조 존스라고 하는 젊은 사람이 있군요. 당신은 반 년쯤 전에 조를 신제품의 상품화를 경험할 수 있는 곳으로 전환 배치해야 한다고 추천하지 않았습니까? 그런데 왜 아직 실행하지 않고 있지요?"라고 말하는 것이었다.

그리고 다음 파일을 펴고 다른 지점장에게 전화를 걸어 "스미스 씨? 뉴욕 본사 사장입니다. 당신은 당신 사무실의 딕 로우라는 젊은이를 지점 회계에 대해 공부할 수 있는 곳으로 배치해야 한다고 추천했군요. 추천대로 배치한 것을 방금 알았어요. 당신이 젊은 사람의 육성에 노력하고 있다는 것에 내가 얼마나 기쁘게 생각하고 있는지 알리고 싶어 전화를 걸었습니다."라고 말했다.

이 사람은 사장을 수년간 하고 난 후에 은퇴했다. 그러나 10년, 15년도 더 지난 오늘 날, 그와 만난 적도 없는 경영자들까지 회사의 성장과 성공은 그의 덕분이라고 말하고 있다.

나는 로버트 맥나마라가 미 국방 장관으로서 큰 성과를 올린 것은 어떠한 공헌이 가능한지를 자문했기 때문이라고 생각한다. 그러나 사실 그는 1960년 가을, 케네디 대통령에 의해 포드사로부터 발탁되어 가장 어려운 각료 자리에 앉았을 때 거의 아무런 준비도 되어 있지 않았다.

그는 포드사에서 내부 조직 관리를 담당하는 사람이었다. 그 때문에 정치적인 움직임에 약해서 처음에는 의회 공작을 부하 경영자에게 맡기고 있었다. 그러나 그는 몇 주도 채 지나기 전에 국방 장관 임무 수행에는 의회의 이해와 지지가 필요하다는 사실을 알았다.

그 결과 그는 내부 지향적이고 비정치적인 인간에게는 곤란할 뿐만 아니라 극히 귀찮은 활동, 즉 각 위원회의 유력자와 알고 지내고, 의회와의 관계를 돈독히 하고, 또 의회 공작이라는 묘한 기술을 획득하는 데 몸소 노력을 기울였다. 그는 의회와의 절충에 완전히 성공했던 셈은 아니다. 그러나 역대 국방 장관 누구보다도 성공했다.

맥나마라의 예는 지위가 높아질수록 외부 세계가 큰 비중을 차지하게 된다는 것을 암시하고 있다. 게다가 일반적으로 바깥 세계에서 자유로이 돌아다닐 수 있는 것은 지위가 높은 사람밖에 없다.

오늘날 미국 대학 총장의 최대 문제는 학내 관리나 모금 활동 등 대학 내부에 지나치게 초점을 맞춘 데 있다.

그러나 총장만큼 대학의 고객인 학생들과 자유로이 접촉할 수 있는 사람은 없다. 예를 들면 1965년의 U.C. 버클리에서 있었던 소동의 배경이 된 학생 불만이나 불안은, 학생들을 대학 운영에서 소외시켜 왔다는 데 주요한 원인이 있었다.

전문가가 성과를 올리게 하려면

지식 노동자가 공헌에 초점을 맞추는 것은 특히 중요하다. 그들은 그 같은 과정을 거쳐 비로소 조직에 공헌할 수 있게 된다.

지식 노동자는 물건을 생산하지 않는다. 아이디어나 정보, 개념을 생산한다. 지식 노동자는 대부분 전문가이다. 사실 그는 보통 한 가지만을 대단히 잘 수행할 수 있을 때, 즉 전문화되었을 때 큰 성과를 올린다.

그러나 전문 지식은 그만큼 단편적인 것에 지나지 않는다. 전문가의 산출물은 다른 전문가의 산출물과 통합되어야 비로소 성과가 될 수 있다.

우리들이 해야 될 일은 이것 저것 다 하는 사람을 길러 내는 것이 아니다. 전문가가 그 자신과 전문 지식을 활용해 성과를 올릴 수 있게 해주는 것이다. 바꿔 말하면, 그 자신의 단편적인 생산물을 보다 생산적인 존재로 만들기 위해서 그것을 이용하는 사람에게 무엇을 알리고, 무엇을 이해시킬 것인가에 대해 전문가 자신이 철저하게 생각하게끔 만드는 것이다.

현대 사회에 사는 사람을 '과학자'와 '보통 사람'으로 나누는 것이 일반적이다. 그래서 당연히 보통 사람에게 과학 지식이나 용어에 대해 조금이라도 공부하자는 요구가 나온다. 그러나 만약 사회가 그처럼 나뉘어 있다고 해도 그것은 백년 전의 일이다.

오늘날 조직에서 일하는 사람들은 전부 고도의 전문 지식을 갖고 독자적인 도구와 관심과 용어를 가진 전문가이다. 다른 한편 과학자는, 예를 들면 물리학자는 다른 영역의 물리학자를 이해시킬 수 없을 정도로 세분되어 있다.

원가 계산 담당자도 독자적인 판단, 관심, 용어와 함께 특정의 지식과 특정의 전문 영역을 가졌다는 의미에서 생화학자와 똑같이 '과학자'이다.

시장 조사 전문가나 컴퓨터 전문가, 관청의 예산 담당자, 병원에서 근무하는 정신병 사례 연구자에게도 똑같은 것이 해당된다. 그들이 전부 성과를 올리기 위해서는 다른 사람으로부터 이해받지 않으면 안 된다.

지식이 있는 사람은 항상 이해받아야 할 사람이라고 여겨져 왔다. 그러나 이제 보통 사람은 전문가를 이해하기 위해 노력할 수 있고 노력해야 한다든지, 전문가는 극히 소수의 전문가 사이에서만 이야기가 통하면 된다든지 등의 이야기는 대단히 교양 없는 오만이라고 할 수밖에 없다.

대학이나 연구소 내부에서조차, 유감스럽게도 오늘날에도 그리 드물지 않은 이런 태도는 그들 전문가 자신을 무익한 존재로 떨어뜨리고 만다. 뿐만 아니라 그들의 지식을 학식에서 현학으로 전락시키는 것이다.

특히 자신의 공헌에 책임을 져야 하는 경영자는 자신의 산출물 즉, 지식의 유용성에 강한 관심을 가져야 한다.

성과를 올리는 경영자는 이 점을 잘 알고 있다. 왜냐하면 그들은 항상 자신의 눈을 위로 향하고 있기 때문에 거의 무의식적으로 다른 인간이 무엇을 필요로 하고, 무엇을 보고, 무엇을 이해하고 있는지 이해할 수 있기 때문이다.

게다가 그들은 조직 내 사람들, 즉 상사, 부하, 그리고 타 분야의 동료에 대해 "당신이 조직에 기여하기 위해서 내가 당신에게 어떠한 도움을 주어야 하는가? 언제, 어떻게, 어떠한 형태로 도와 주어야 하는가?"라고 묻는다.

만일 경리 부문의 원가 계산 담당자가 위와 같은 질문을 던져 보면, 그에게는 자명하게 느껴지는 가정이 다른 부문의 관리자에게는 전혀 친숙함이 없다는 사실을 간단하게 알 수 있을 것이다. 이런 과정에서 경리 부문 사람에게는 중요하더라도 현장 사람에게는 무의미한 숫자가 어떤 숫자이고, 그들에게는 관심이 없어도 현장 사람에게는 매일 필요한 숫자가 무엇인지를 알 수 있을 것이다.

제약 회사에서는 생화학자가 이와 같은 질문을 던짐으로써 자신들만의 전문 용어가 아닌, 임상 의사가 알 수 있는 언어로 설명함으로써 임상 의사가 생화학자의 연구 성과를 이용할 수 있게 된다는 것을 간단히 알 수 있다. 게다가 그들의 연구 성과가 신약으로서 결실을 맺을 것인지의 여부는, 임상의들이 그 새로운 합성물을 임상 실험할 수 있는지에 의해 좌우된다.

공헌에 초점을 맞춘다면 국립 연구소의 과학자는 연구 개발이 어떤 성과를 가져올지를 정책 담당자에게 설명해야 한다는 것을 알 수 있을 것이다. 또한 그는 보통의 과학자에게는 금지된 것, 즉 종종 과학적인 연구 성과 예측도 해야 한다는 것을 안다.

제너럴리스트에 관한 의미 있는 유일한 정의는 자신의 좁은 전문 분야를 지식의 모든 영역 속에 옳게 위치 지우는 전문가라고 말할 수 있다. 몇 개의 복수 전문 영역에 걸쳐 지식을 갖고 있는 전문가도 있다. 그러나 설령 복수 전문 영역을 갖고 있더라도 제너럴리스트는 아니다. 단순히 몇 가지 전문 영역의 전문가에 지나지 않는다. 설령 세 가지 영역에 통해 있어도 하나밖에 통할 수 없는 경우와 똑같이 편협하다.

그러나 자신의 기여에 책임감을 갖고 있는 사람은 그 좁은 전문 분야를 전체와 연계시킬 수 있다. 물론 많은 지식 분야를 통합하는 것은 결코 가능하지 않을 것이다. 하지만 그런 인간은 자신의 업무 성과를 남이 이용하게 하려면 다른 인간의 욕구나 방향, 한계와 인식을 충분히 알아야 한다는 사실을 이해하고 있다.

풍부한 다양성과 흥분을 맛볼 수 있는, 전체를 볼 수 있는 수준까지는 도달하지 못한다 해도, 학자의 오만함 즉, 지식을 파괴하고 지식으로부터 아름다움과 성과를 빼앗는 이 진행성 질병 – 편협한 전문가병 – 에 대한 면역성을 갖지 않으면 안 된다.

인간 관계에서 가져야 할 자세

조직에서 일하는 경영자는 인간 관계에 대한 탁월한 재능을 가졌기 때문에 좋은 인간 관계를 맺어 가는 것은 아니다. 자신의 업무나 다른 인간과 관계를 맺을 때 공헌에 초점을 맞춤으로써만 좋은 인간 관계를 맺을 수 있다.

공헌에 초점을 맞춤으로써 그들의 인간 관계는 생산적이 된다. 그리고 생산적이라는 것은 좋은 인간 관계의 유일한 정의다.

업무나 과제에 초점을 맞춘 관계에서 하등의 성과도 없다면 따뜻한 감정이나 이야기도 무의미하다. 왜곡된 관계를 맺어 가는 데 지나지 않는다. 거꾸로 관계자 전원에게 성과를 가져다 주는 인간 관계라면 때로는 예의에 어긋난 말조차 인간 관계를 파괴하는 것은 아니다.

내가 알고 있는 사람 중에서 가장 좋은 인간 관계를 갖고 있는 사람으로 다음 세 사람을 들 수 있다. 바로 제2차 대전 중의 참모 총장 조지 C. 마샬 장군, 1920년대 초부터 50년대 중반에 걸쳐 GM의 최고 경영자로 일했던 알프레드 P. 슬론 2세, 슬론의 연상의 부하로 불황 속에서 캐딜락을 고급차로 성공시켰던 니콜라스 드라이 스테트이다. 드라이 스테트는 만약 제2차 세계 대전 직후에 사망하지 않았다면 50년대 GM의 최고 경영자가 되었을 인물이다.

그들 세 사람은 더 이상 다를 수 없을 정도로 달랐던 사람이다. 마샬은 직업 군인풍으로 엄정하고 헌신적이면서 매력 있는, 약간 내성적인 인간이었다. 슬론은 행정가풍으로 조심스러운 눈을 가진, 예의 바르지만 약간 차가운 느낌의 인간이었다. 니콜라스 드라이 스테트는 대단히 따뜻하고 낙천적으로 소위 올드 하이델베르크풍의 전통적이고 전형적인 독일형 직업인이었다.

그런데 그 세 사람은 전부 똑같이 부하로부터 깊은 신뢰와 애정을 받고 있었다. 세 사람 모두 공헌이라는 측면을 중심으로 각각의 임무에서 상사와 동료, 부하와의 관계를 쌓고 있었다. 세 사람 모두 업무 필요상 많은 사람들과 긴밀한 관계를 갖고 움직이며 주위를 배려하고 있었다.

물론 그들 세 사람 모두 인사에서는 단호한 의사 결정을 내리고 있었다. 그러나 그들 중 한 사람도 인간 관계에 고심했던 흔적은 없었다. 그들은 인간 관계를 당연한 것으로 여기고 있었다.

여기서 우리들은 공헌이라는 측면에 초점을 맞춤으로써,

- 의사 소통
- 팀워크
- 자기 개발
- 인재 육성

이라는 성과를 올리는 데 필요한 인간 관계의 네 가지 기본 조건을 만족시킬 수 있는 것이다.

1. 과거 20년 이상 커뮤니케이션은 경영상의 중심 과제로 계속 제기되어 왔다. 기업, 정부 기관, 군, 병원 등 바꿔 말하면 현대 사회의 모든 조직은 커뮤니케이션에 큰 관심을 갖고 있다.

그러나 결과는 오늘에 이르기까지 실망스럽고 조잡할 뿐이다. 현대 조직은 의사 소통의 필요성과 결여에 관심을 기울이면서도 그 결과는 빈곤하다. 이제 곧 우리는 의사 소통에 관한 막대한 노력이 왜 성과를 내지 못하는지 알게 될 것이다.

우리들은 지금까지 경영층에서 종업원으로, 상사로부터 부하로 내려오는 커뮤니케이션에 대해 연구해 왔다. 그러나 의사 소통이란 그것이 아래를 향한 관계로 이루어지는 한 사실상 불가능하다. 그것은 지각이나 커뮤니케이션에 관한 연구가 이미 명백하게 보여 주고 있다.

상사가 부하를 향해 무엇인가 말하려고 노력하면 할수록 부하가 잘못 알아 들을 위험도 커진다. 부하는 상사가 말하는 내용이 아닌 자신이 듣고 싶다고 기대하고 있는 것을 듣기 때문이다.

자신의 업무에 스스로 공헌하는 경영자는 부하들도 책임을 가져야 한다는 것을 요구해야 한다.

부하에 대해 "조직, 그리고 상사인 나는 당신에게 어떠한 기여에 따르는 책임을 주어야 하는가? 당신에게 기대해야 하는 것은 무엇인가? 당신의 지식이나 능력을 가장 잘 활용할 수 있는 길은 무엇인가?"를 질문해야 하고, 이렇게 해서 비로소 의사 소통이 가능하게 된다.

즉, 우선 부하가 자신은 어떠한 종류의 공헌을 기대받고 있는지를 충분하게 생각하게 해야 한다. 이렇게 된 후에야 비로소 상사는 부하가 생각하고 있는 공헌의 유효성을 판단할 권한과 책임을 가질 수 있는 것이다.

내가 겪은 바로는 부하가 설정한 목표는 거의 항상 상사가 생각하고 있는 것과는 다르다. 바꿔 말한다면 부하는 현실을 상사와 완전히 다르게 보고 있다.

게다가 그들이 유능할수록, 또 나아가 책임을 지려 할수록 현실이나 객관적인 기회, 욕구에 관한 견해는 상사나 조직과 달라진다. 부하의 사고와 상사의 기대 차이는 꽤 크다.

그러나 통상 그와 같은 차이는 그렇게 중요하지 않다. 왜냐하면 의미 있는 언어에 의한 커뮤니케이션, 성과에 결부되는 의사 소통 체계가 이미 확립되어 있기 때문이다.

2. 공헌에 초점을 맞춤으로써 횡적인 커뮤니케이션이 나올 수 있다. 그리고 그 결과 팀 작업이 가능하다.

'내가 만들어 내는 것이 성과와 결부되기 위해서 누가 그것을 이용해 주어야 하는가'라는 질문이, 명령 계통상 상부도 하부도 아닌 사람의 중요성을 부각시킨다. 그것은 지식을 중심으로 하는 조직 현실에서 당연한 것이다.

즉, 지적 조직에서 성과를 올리는 업무는 다종 다양한 지식과 기능을 가진 사람들로 구성되는 팀이 수행한다. 그들은 형식에 규정된 조직 구조에 따르지 않고 상황 논리나 업무의 요구에 따라 자발적으로 협력해서 일한다.

오늘날 가장 복잡한 지적 조직인 병원에는 간호사, 영양사, 물리 치료의, 치료 기사, 약제사, 병리학자, 그리고 그 밖에 다양한 의료 서비스 관계 전문가가 거의 지휘나 명령을 받지 않고 동일한 환자를 상대로 일하고 있다. 게다가 그들은 의사의 치료 방침이라는 일반적인 행동 계획에 따라서 공통의 목적을 위해서 협력해 일한다.

조직 구조상으로 보면 그들 치료 서비스의 전문가도 각각 상사를 갖고 있다. 각자 고도로 전문화된 지식 분야에서 프로로서 일하고 있다. 그러나 그들은 각각의 환자 상황, 질병 상태와 욕구에 근거해 다른 사람에게 충분한 정보를 주고 있다. 만일 그러한 과정이 없다면 그들 각자의 업무도 이익보다는 손해를 초래할 위험이 클 것이다.

공헌에 초점을 맞추는 것이 습관화된 병원에서 그와 같은 팀 작업은 거의 어떤 어려움도 없이 실현된다. 그런데 그렇지 못한 병원에서는, 전문가 사이의 횡적인 의사 전달이나 업무 협조에 초점을 맞춘 팀에의 자발적인 참여가 모든 종류의 면회나 협의, 게시, 설득에도 불구하고 별로 실현되지 못한다.

오늘날의 전형적인 대조직은 전통적인 개념과 논리를 적용할 수 없는 조직상의 문제에 직면해 있다.

지식 노동자는 자신의 지식 분야에 관해서 프로가 되지 않으면 안 된다. 또 자신의 능력이나 업무에 관해서 자신이 책임을 져야 한다. 그들은, 예를 들면 병원이라면, 생화학자이건 간호사이건, 각각의 전문 기능에 소속된 사람이라고 생각한다. 훈련이나 실적, 평가와 승진 등 인사 관리도 기능별 부문에 속해 있다.

그러나 업무에서 그들은 점점 전혀 다른 지식 분야의 사람들과 함께 특정의 업무를 위해 조직된 팀에서 책임 있는 한 사람으로서 행동해야만 한다.

상향적인 기여에 초점을 맞춤으로써 조직 문제를 해결할 수 없다.

그러나 그와 같이 함으로써 불완전한 조직을 움직이는 데 필요한 업무나 이해를 구할 수 있다.

컴퓨터의 등장으로 오늘날 지식 노동자 사이의 의사 소통은 아주 중요한 문제가 되고 있다. 인류의 오랜 역사에서 지금까지의 문제는 정보 가운데에서 어떻게 커뮤니케이션을 끌어낼 수 있는가였다. 정보는 인간에 의해 처리되고 전달된다. 그 때문에 정보에는 커뮤니케이션, 즉 의견이나 인상, 주석, 판단, 편견 등이 들어가 있다. 그렇지만 오늘날 갑자기 정보는 엄청나게 비인격화되고 커뮤니케이션을 전혀 포함하지 않는 것이 되어 버렸다. 정보는 순수한 정보로 되어 버린 것이다.

따라서 오늘날 우리들은 서로 이해하고 서로의 필요성과 목표, 느끼는 방식이나 업무 방식을 알기 위해서 필요한 최소한의 의사 소통을 확보해야만 한다는 문제에 직면해 있는 것이다. 정보는 아무 것도 가르쳐 주지 않는다. 커뮤니케이션에 의한 이해는 목소리와 문자를 포함하는 직접적인 접촉에 의해서만 가능하다. 정보 처리를 자동화하면 할 수록 효과적인 의사 소통의 기회를 만들지 않으면 안 되는 것이다.

3. 자기 개발의 성과도 또한 공헌에 초점을 맞추는 것에 크게 의존한다.

'조직의 실적에 기여하기 위해 자신이 할 수 있는 가장 중요한 공헌은 무엇인가' 하고 자문하는 것은 사실상 '어떤 자기 개발이 필요한가', '필요한 공헌을 위해서는 어떤 지식이나 기능을 체득해야 하는가', '어떤 강점을 업무에 적용해야 되는가', '어떤 것을 자신의 기준으로 삼아야 하는가'를 생각하는 것이다.

4. 공헌에 초점을 맞춘다면 부하, 동료, 상사를 불문하고 다른 사람의 자기 개발을 촉발한다. 또 사람에 따른 기준이 아닌 업무의 필요성에 근거한 기준을 설정하게 된다. 즉, 탁월성의 요구이다. 강한 의욕도 야심적인 목표도 대단히 영향력 있는 업무의 요구이다.

우리들은 자기 개발에 대해 극히 조금밖에 알지 못한다. 그러나 이 하나만은 알고 있다. 인간, 특히 지식 노동자는 스스로에게 부가된 요구에 대응해 성장한다. 자기가 달성해야 할 것에 따라서 성장한다. 자신이 조금밖에 요구하지 않으면 성장은 없다. 엄청나게 많은 것을 요구받으면 아무 것도 달성하지 못한 인간도 똑같은 정도의 노력으로 거대하게 성장할 수 있다.

회의에서 성과를 올려라

회의, 보고회, 설명회는 경영자의 업무 과정에서 전형적인 환경으로 주어진다. 그것은 그들의 독특한 일상적인 도구이다. 게다가 그런 것들은 아무리 시간을 분석하고 가능한 범위 내에서 통제해도 또다시 방대한 시간을 요구한다.

따라서 성과를 올리기 위해서는 회의나 보고회, 설명회로부터 무엇을 얻어야 하는지를 알고, 무엇을 목적으로 해야 하는지를 알지 않으면 안 된다. '왜 이 회의를 열었는가', '결정하고 싶은 것은 정보를 주는 것인가, 확인하는 것인가'를 스스로에게 물어야 한다.

또한 회의를 소집하기 전에, 보고회를 열기 전에, 설명회를 준비하기 전에 각각의 목적에 대해 철저하게 검토해야 한다. 그리고 각각의 회의가 자신의 공헌에 도움이 되어야 한다는 것을 주장해야 한다.

회의를 성공적으로 만들기 위해서는 회의 맨 첫머리에 회의 목적과 부가된 의미를 명확하게 해야 한다. 그리고 회의를 그 목적에 따라 진행시켜야 한다. 특정한 목적이 있는 회의를 누구나 마음내키는 대로 훌륭한 아이디어를 말하는 자유 토론장으로 만들어서는 안 된다.

또는 사고와 검토를 위한 회의를 단순한 보고의 장으로 만들어서도 안 된다. 이 때는 출석자 전원을 자극해 전원이 도전하게 해야 한다. 회의 끝에는 맨 첫머리의 설명으로 돌아가 결론을 회의 개최 의도와 연관시켜야 한다.

회의를 생산적으로 만들기 위한 규칙은 그 밖에 또 있다. 예를 들면 회의에서 사회를 보면서 중요한 발언에 귀를 기울이는 것은 가능하다. 반대로 토의에 참가해서 발언하는 것도 가능하다. 그러나 이 양쪽을 동시에 병행하는 것은 안 된다.

그런데 이 규칙은 너무도 자명함에도 불구하고 무시되는 경우가 많다. 그러나 가장 기본적인 규칙은 회의 첫머리부터 공헌이라는 측면에 초점을 맞추는 것이다.

경영자는 공헌에 초점을 맞춤으로써 자신이 직면한 기본적인 문제 중 하나에 관해 해결책을 만들 수 있다. 즉, 혼란하고 잡다한 존재 가운데 의미 있는 것과 잡음에 지나지 않는 것을 식별하는 곤란한 문제를 해결할 수 있는 것이다.

우리들은 공헌에 초점을 맞춤으로써 그러한 것들을 정리할 수 있다. 즉 각각의 사물이 가진 의미를 알 수 있는 것이다.

또한 경영자는 공헌에 초점을 맞춤으로써 다른 사람들에게 의존하고, 조직 안에 있는 그들의 특유한 약점을 강점으로 전환시킬 수 있다. 즉, 공헌에 초점을 맞춤으로써 팀 형성을 가능하게 하는 것이다.

그리고 마지막으로 공헌에 초점을 맞춤으로써 조직 내부에 빠져들려는 유혹에서 승리할 수 있다. 공헌에 초점을 맞춤으로써 경영자, 특히 상층 경영자의 눈을 조직 내부에 관한 노력이나 업무, 여러 가지 관계로부터 조직 외부 즉, 조직의 성과로 돌릴 수 있다. 시장, 고객, 지역의 환자, 그리고 정부 기관이라면 일반 시민 등과 같은 외부 세계와 직접 관계를 갖도록 노력을 기울일 것을 촉구해 준다.

공헌에 초점을 맞춘다는 것은 결국 성과에 초점을 맞추는 것이다.

4

강점을 살려라

성과를 올리는 경영자는 사람들의 강점을 북돋아 준다. 그들은 약점을 중심으로 사람을 바라보아서는 안 된다는 것을 알고 있다. 성과를 올리기 위해서는 최대한 이용할 수 있는 강점 즉, 동료의 강점, 상사의 강점, 자기 자신의 강점을 이용하지 않으면 안 된다. 강점이야말로 기회이다. 강점을 만들어 내는 것이 조직 특유의 목적이다.

물론 조직이 인간 개인이 갖고 있는 약점을 극복하게 할 수는 없다. 그러나 조직은 인간이 가진 약점을 의미 없게 만들 수 있다. 조직의 역할은 인간 한 사람 한 사람의 강점을 공동의 사업을 위한 건축용 벽돌처럼 사용하는 데 있다.

강점에 의한 인사

사람들의 강점에 관해 경영자가 가장 먼저 직면하는 문제는 인사(人事)이다. 성과를 올리기 위해서는 그 사람이 할 수 있는 것을 중심에 놓고 이동시키고 승진시켜야 한다. 인사 결정에서는 인간의 약점을 최소한으로 억제하는 것이 아니라 강점을 최대한으로 발휘시켜야 하는 것이다.

링컨 대통령은 신임 지휘관인 그랜트 장군이 술고래라고 누군가가 고자질하는 것을 들었을 때, "그가 좋아하는 술을 알면 다른 장군들에게까지도 보내 주고 싶다."고 말했다고 한다.

켄터키와 일리노이의 개척지에서 자란 링컨은 술의 위험성에 대해 충분히 알고 있었다. 그러나 북군의 장군 가운데 항상 전술에 의거해 승리를 안겨 주었던 사람은 그랜트였다. 사실 그랜트 장군의 임명이 남북 전쟁의 전환점이었다. 술을 좋아한다는 약점의 유무가 아닌 전쟁의 승리라는 실적에 근거해 지휘관을 임명했기 때문에 링컨의 인사는 성과를 올렸던 것이다.

링컨은 실패를 거듭하면서 이것을 배웠다. 그랜트를 뽑기 전까지 링컨은 눈에 띄는 약점이 없는 사람만을 장군으로 임명하고 있었다. 그 결과 병력과 군수에서 훨씬 우위였음에도 불구하고 1861년부터 1864년에 이르는 3년간 불리한 전황을 만회할 수 없었다.

이에 반해 남군의 지휘관 리 장군은 강점에 기초해 사람을 뽑고 있었다. 스톤 월 잭슨을 비롯해 리 장군의 부하였던 장교들은 모두 분명하게 커다란 약점을 가진 사람이었다. 그러나 리는 그런 약점이 전쟁과 별로 관계가 없다고 생각했다.

그들 한 사람 한 사람은 딱 하나만의 진정한 강점을 갖고 있었다. 리가 이용해 도움을 받았던 것은 그들의 그러한 강점이었다. 그 결과 리가 뽑았던 ― 좁은 분야에서 대단한 강점을 가진 ― 단일 목적을 위한 도구로 사용되었던 장교들이 링컨이 임명했던 원만한 장군들을 몇 번이나 격파했던 것이다.

인간의 약점에 집착해 조직 인사를 수행하면 아무리 잘해 봐야 평범한 인사로 끝난다. 또 약점이 없는 강점만 지닌 인간, 완전한 인간, 완성된 인간을 찾아낸다 해도 그들은 결국 평범한 조직을 만들고 만다.

커다란 강점을 가진 인간은 대부분 큰 약점을 갖고 있다. 산이 높으면 골도 깊다. 모든 분야에서 강점만을 가진 인간은 없다. 인간의 지식, 경험, 능력의 전 영역에서 본다면 위대한 천재도 낙제생도 있다. 나무랄 데 없는 인간은 있을 수 없다. 처음부터 전혀 나무랄 것이 없는 것도 문제이다.

할 수 있는 것이 아닌, 할 수 없는 것에 신경을 쓰고 약점을 피하려 드는 경영자는 그 자신이 약한 인간이다. 아마 그는 강한 인간에게 위협을 느꼈을지도 모른다. 그러나 현실적으로 부하가 강점을 갖고 있고 성과를 올리기 때문에 고민하는 경영자는 한 사람도 없다.

미국의 강철왕 앤드류 카네기가 자신의 묘비명으로 선택한, '자기보다 뛰어난 사람을 일하게 하는 방법을 아는 남자, 여기 잠들다'라는 말만큼 큰 자랑은 없다. 이것이야말로 경영자를 위한 처방이다.

물론 카네기의 부하들이 우수했던 것은 그가 그들의 강점을 찾아내고 그들의 강점을 업무에 적용시켰기 때문이다. 그 철강업 경영자들은 특정 분야에서, 특정 업무에서 탁월했다. 그러나 가장 성과를 올렸던 경영자는 다름아닌 카네기였다.

리 장군에 얽힌 또 하나의 이야기는 인간의 장점을 키운다는 말의 진정한 의미를 가르쳐 준다. 어느 날 부하 장군 한 사람이 명령을 무시하고 리의 전략을 엉망으로 만들었다. 게다가 이번이 처음도 아니었다.
 보통 때라면 감정을 억제했을 리 장군이 노발대발했다. 리의 감정이 가라앉고 난 후 부관 중 한 사람이 "해임시키는 것이 어떻습니까?"라고 물었다. 그런데 리는 놀란 표정을 하고 부관 얼굴을 보면서, "바보 같은 소리 하지 말게. 그는 일을 아주 잘하는 친구야." 하고 말했다고 한다.

 성과를 올리는 경영자는, 부하가 상사인 자신을 기쁘게 하기 때문이 아니라 일을 하기 때문에 월급을 받고 있다는 것을 인식하고 있다. 오페라의 무대 감독은 프리마돈나가 관객을 모아주는 한, 아무리 그녀가 짜증을 내도 문제가 되지 않음을 알고 있다. 그녀가 최고의 무대를 만들기 위해 필요한 짜증이라면 그것을 참는 것도 무대 감독 보수의 일부로써 지불되고 있다고 봐야 하는 것이다.
 똑같이 교수가 학과장과 사이가 좋다고 교수 회의에서 협력 관계여야 하는 것은 아니다. 학과장은 일류 교수나 학자가 자신의 분야에서 성과를 올릴 수 있는 환경을 만들어 주는 역할을 하면서 월급을 받고 있다. 그러므로 일상의 대학 운영에서 다소의 불유쾌함이 따른다 해도 그리 대단한 것은 아니다.
 다른 사람이 성과를 올리게 하려면 '그가 나와 잘 해나갈 수 있는가'를 생각해서는 안 된다. '그는 어떠한 공헌이 가능한가'를 먼저 묻지 않으면 안 된다. 또 '무엇을 할 수 없는가'를 생각해서도 안 된다. 늘

'무엇을 가장 잘 할 수 있는가'를 생각해야 한다. 왜냐하면 특히 인사에서는 하나의 중요한 분야에서 탁월하기를 요구받기 때문이다.

강점을 가진 분야를 찾고 그것을 업무에 적용시켜야 한다는 것은 인간의 특성으로부터 오는 필연적인 산물이다. '전인적인 인간'이나 '성숙한 인간'을 추구하려는 주장에는 인간의 가장 특수한 재능, 즉 하나의 활동이나 사업, 성과를 위해서 모든 것을 투입하는 능력을 무시하는 발상이 깔려 있다. 다시 말해서 그것은 탁월성에 대한 반감이다.

인간의 탁월성은 하나의 분야, 작은 분야에서밖에 실현될 수 없다. 분명 다양한 사물에 관심을 가진 인간도 존재한다. 그러나 만능의 천재라 해도 한계가 있다. 많은 분야에서 탁월한 업적을 남길 수 있는 인간은 없다.

레오나르도 다빈치조차 그 광범한 관심에도 불구하고 디자인 분야에서 업적을 남겼을 뿐이다. 만일 괴테의 시가 전부 분실되고 미미한 수준의 과학 연구나 철학 분야의 업적만이 남아 있다고 하면 백과사전 각주에도 이름이 나오지 않았을 것이다.

그들을 거인으로 부를 수 있는 소지는 우리에게도 적용할 수 있다. 그러므로 만약 인간의 강점을 찾고, 그 강점을 북돋우려고 하지 않는다면 인간이 할 수 없는 것, 결함이나 약점, 성과를 가로막는 장애만을 손에 넣게 될 것이다. 인간의 약점에 초점을 맞추어 인사를 수행하는 것은 인간 자원의 낭비이다.

강점에 초점을 맞추는 것은 성과를 요구하는 것이다. 무엇을 할 수 있는지를 사전에 묻지 않는다면 탁월하게 기여할 수 있는 수준보다 훨씬 낮은 수준에서 만족해야 할 것이다. 이는 성과를 올리는 것을 처음부터 피해 가는 결과가 된다. 그것은 반드시 치명적이지 않더라도 파괴적이다. 당연히 현실적이지도 않다.

부하를 엄격히 다루는 상사란 서로 다른 방법으로 훌륭한 인간을 만드는 사람들이다. 그들은 부하가 무엇을 잘 해야 하는가에서 출발해 그 부하가 그 일을 실현할 것을 요구한다.

약점에 기반하는 것은 조직 본래의 목적에도 배치된다. 조직이란 인간의 약점을 중화시키고, 무해화시키고 동시에 인간의 강점을 성과로 연결하기 위한 특수한 도구이다. 정말 강한 인간은 조직을 필요로 하지도 않으며 조직을 바라지도 않는다. 사실 그들은 독립해서 일하는 편이 낫다. 그러나 우리 같은 대부분의 사람은 독자적으로 성과를 올릴 수 있을 만큼의 강점을 갖고 있지 않다.

인간 관계론에서는 '손만을 고용하는 것은 있을 수 없다. 손과 함께 인간이 따라온다'라고 말한다. 똑같이 우리들은 어떤 한 사람이 있을 경우, 그 사람이 강점만을 갖고 있을 수 없고 강점과 함께 약점이 붙어 있음을 알아야 한다.

우리들은 그와 같은 약점이 업무나 성과와는 관계 없이 개인적인 결함으로 남을 수 있도록 조직을 구조화하지 않으면 안 된다. 그리고 강점만을 의미 있는 것으로 만들도록 조직을 구축해야 한다.

개인 영업을 하는 세무사는 아무리 유능하다 해도 대인 관계를 풀어

가는 능력이 없으면 중대한 장애에 부딪치게 된다. 그러나 그와 같은 사람도 조직 안에 있다면 자신의 책상이 주어져 밖의 인간과 직접 접촉하지 않고도 지낼 수 있다. 조직 덕분에 강점만을 살리고 약점을 의미 없게 만들 수 있는 것이다.

경리는 잘 하지만 생산이나 판매를 잘 모르는 소기업 경영자는 커다란 문제에 직면하게 된다. 그러나 약간이라도 큰 기업에서는 경리 분야에만 대단한 강점을 가진 인간을 생산적인 존재로 만들어 준다.

성과를 올리기 위해서는 타인의 약점을 몰라도 된다는 것은 아니다. 예를 들면 존스라는 남자에게 세무 회계 업무를 맡겼다면 그 사람의 대인 관계 능력이 결여되어 있음을 잊어서는 안 된다. 그 사람을 관리자로 써서는 안 된다. 대인 관계에 뛰어난 사람은 그 밖에도 몇 사람이나 있다. 그러나 세무 회계에서 존스와 같은 일류 전문가는 극히 귀중한 존재다.

존스, 또는 이러한 종류의 사람들이 갖고 있는 능력은 조직에서 대단히 중요하다. 그가 갖지 못한 능력은 제약 요인에 지나지 않는다. 그 이외에 아무 것도 아니다.

이상에서 말한 것은 모두가 당연하다고 생각될지도 모른다. 그러면 왜 이것들은 항상 실행되지 못하고 있는 것인가?

인간의 강점, 특히 타 부문 동료의 강점을 살릴 수 있는 경영자는 왜 희소한 것인가? 링컨조차 인간의 강점을 선택하기까지 왜 세 번씩이나 약점에 근거한 인사를 했던 것인가?

그 주요한 이유는 눈 앞의 인사가 인간 배치가 아닌 직무에의 배치가 되고 있기 때문이다. 즉, 일의 순서로서 직무로부터 출발하고, 다음 단계로 그 직무에 배치해야 할 인간을 찾는 식이 되고 말았기 때문이다.

이 같은 순서에서는 '가장 부적합하지 않은 인물' 즉, 가장 평범한 인간을 찾는다라는 간단한 선택이 되어 버리고 만다. 그리고 그 결과 평범한 조직이 되어 버린다.

그와 같은 사태를 막는 대책으로 가장 널리 알려진 치료법은 자기 주변 사람에게 맞게 직무를 재설계하는 방법이다. 그러나 극히 간단하고 작은 조직이라면 몰라도 그와 같은 치료는 질병보다도 해악이 더 클 것이다. 직무는 객관적으로 쌓아야만 한다. 직무는 인간의 개성이 아닌, 해야 할 업무에 의해 결정하지 않으면 안 된다.

조직 내의 직무 범위나 구조, 위치 설정을 수정하면 조직 전체에 연쇄 반응이 미친다. 조직의 직무는 서로 의존 관계이기 때문에 연관되어 있다. 한 사람의 인간을 하나의 직무에 결합시키기 위해서 모든 사람의 직무나 책임을 변화시킬 수는 없다. 한 명의 사람과 직무를 맞추려다 보면 열 사람 이상을 움직여 이리저리 돌리지 않으면 안 된다.

게다가 직무를 인간에 맞추어 설계하면 머지않아 직무 요청과 사람 사이에 커다란 격차가 생길 수밖에 없다.

이것은 정부 기관이나 대기업 등 관료적 조직만의 문제는 아니다. 대학의 생화학 입문 강좌가 있다고 하자. 강사는 우수한 사람이 나올 것이다. 당연히 생화학 중 한 분야의 전문가를 고른다. 그러나 강의는 전문적이어서는 안 된다. 강사의 관심이나 의향이 무엇이든, 강의는 생화학 전반에 걸친 기초적인 지식을 망라해야 하기 때문이다. 무엇을 강의할 것인지는 학생의 욕구라는 객관적인 요구에 의해 규정된다. 강사는 이것을 받아들여야 한다.

오케스트라의 지휘자는 오보에 연주자가 아무리 탁월한 음악가라 해도 제1바이올린 연주자의 결원을 보충하기 위해 그를 채용하지 않는다. 또한 지휘자는 한 사람의 단원을 받아들이기 위해 악보를 고쳐 쓰지도 않는다.

오페라 무대 감독은 프리마돈나의 불평은 참을 수 있어도, 프로그램에 '토스카'라고 쓰여 있으면 그녀에게 '토스카'를 부르도록 요구할 수밖에 없다.

그러나 직무를 객관적이고, 사람과 별도로 설계하지 않으면 안 되는 데는 또 하나의 이유가 있다. 즉, 그것은 조직이 다양한 인간을 확보하는 유일한 길이기 때문이다. 인간의 기질이나 개성의 차이를 인정하고 또한 주장하기 위한 유일한 방법이기 때문이다.

조직의 다양성을 확보하기 위해서는 인간 관계를 개인이 아닌, 업무를 중심으로 만들어 가지 않으면 안 된다. 그리고 업적은 공헌과 성과라고 하는 객관적인 기준에 의해 평가해야 한다. 하지만 이는 직무를 사람에게 속하지 않는 것으로 정의하고 설계해야 비로소 가능해진다.

그렇게 하지 않으면 사람들은 '무엇이 옳은가'가 아닌, '누가 옳은가'를 중시하고 만다. 그리고 인사도 '이 중요한 업무를 할 가능성이 가장 큰 사람이 누구인가'가 아닌, '자신이 좋아하는 사람은 누구인가', '모두에게 무난하게 받아들여지는 사람은 누구인가'에 의해 결정하게 되기 때문이다.

개인에 맞게 직무를 설계하면 조직은 분명 정실에 젖게 된다. 그러나 오늘날 어떤 조직도 정실에 젖어들 여유가 없다. 조직은 공평함과 사람을 떠난 공정함을 필요로 한다. 만약 그렇지 않으면 뛰어난 사람은 사라지고 의욕은 상실된다.

그리고 조직은 다양성을 필요로 한다. 그렇지 않으면 변혁의 능력을 상실하고 올바른 의사 결정을 내리는 데 필요한 의견 대립의 능력(제7장 참조)를 잃어버리게 된다.

그래서 일류 팀을 만드는 사람은 보통 직속 동료나 부하와는 친해지지 않는 것이다. 개인적인 선호가 아닌 무엇을 할 수 있는지를 기준으로 사람을 선발하는 것은 조화가 아닌 성과를 추구하는 것이다. 그 때문에 그들은 업무상 가까운 사람과는 거리를 둔다.

종종 이야기하듯이 링컨은 스탠튼 육군 장관과의 친밀한 개인적 관계를 끊고 거리를 두었기 때문에 성과를 올린 대통령이 되었다. 프랭클린 D. 루스벨트도 개인적으로 친했던 헨리 모겐소 재무 장관을 포함해 내각에 있는 누구와도 친분 관계를 유지하지 않았다고 한다.

마샬 장군이나 GM의 사장이었던 알프레드 P. 슬론도 업무 관계에서는 누구와도 친분 관계를 유지하지 않았다.

그들은 모두 마음이 따뜻한 사람이었다. 친구를 필요로 하고 또한 우정을 두텁게 하는 능력도 가진 사람이었다. 그러나 그들은 우정과 업무는 엄격히 구분해야 한다는 것을 알고 있었다.

그들은 특정 인간을 좋아한다든지 마음에 둔다든지 하는 것이 업무에 방해된다고까지는 아니더라도, 관계 없는 것으로 하려고 노력했다. 그리고 그들은 특정의 인간으로부터 거리를 둠으로 해서 다양성이 존재하는 강력한 팀을 만들 수 있었다.

물론 직무를 인간에 맞출 수밖에 없는 예외적인 경우도 있다. 예를 들면 사람을 떠나 조직 구조에 집착했던 슬론조차 한 사람의 개인인, 즉 찰스 F. 캐터링이라는 위대한 발명가를 중심으로 초기 GM의 엔지니어링 부문을 조직했다. 루스벨트도 조직론의 모든 원칙에 반해 죽음을 얼마 남기지 않은 해리 홉킨즈에게 독특한 임무를 맡겼다.

그러나 예외는 어디까지나 예외여야만 한다. 앞의 경우는 대단히 어려운 임무를 탁월한 능력을 갖고 수행할 수 있는 예외적인 사람에 대해서만 인정될 수 있다.

그러면 인간에 맞춘 직무 설계라는 함정에 빠지지 않고 강점에 기초해 인사를 할 수 있는 방법은 무엇인가?

강점에 기초한 인사의 4가지 원칙

1. 우선 직무는 자연의 섭리나 신의 손에 의해 만들어진다는 것과 같은 전제로부터 출발해서는 안 된다. 특히 '불가능'한 직무, 인간이 할 수 없는 직무를 만들지 않도록 신경써야 한다.

    그와 같은 업무는 대단히 많다. 조직표상에서는 나름대로 그럴 듯하다. 그러나 실제로는 누구도 감당할 수 없다.

    업무 능력이 있는 사람이 차례차례 실패한다. 그 직무에 붙어 있던 사람은 반 년이나 일 년이 지나면 반드시 좌절하고 만다. 그와 같은 직무는 애초에 예외적인 인간을 위해 만들어진, 그 인간의 개인적인 특이성에 맞추어져 있었기 때문이다. 그리고 보통 이런 일은 소수의 인간만이 갖고 있는 기질을 요구한다.

    사람은 다양한 지식이나 특수한 기능을 체득할 수는 있다. 그러나 기질을 변화시킬 수는 없다. 따라서 특수한 기질을 요구하는 직무는 불가능한 직무, 인간을 죽이는 직무이다.

    여기서 원칙은 간단하다. 그 전에는 대단히 업무를 잘해 왔던 사람을, 두 사람이고 세 사람이고 좌절시키는 직무는 애초에 인간의 직무가 아니라고 생각해야 한다는 것이다. 그 같은 직무는 다시 설계되어야 한다.

모든 마케팅 교과서가 판매 관리 업무를 광고 선전이나 판매 촉진 업무와 함께 한 사람의 마케팅 담당 사원 아래 놓는다. 그러나 대규모 소비재 메이커의 경험에 따르면 그와 같은 종합적인 업무는 실현 불가능하다. 판매 관리, 즉 상품을 움직이는 것과 광고 선전, 판매 촉진 즉, 소비자라는 인간을 움직이는 분야에서 동시에 성과를 올리기를 요구하고 있기 때문이다.

그와 같은 두 가지 요구에 맞는 기질을 한 사람의 인간에게서 찾아내기는 어렵다. 미국의 대규모 대학 총장 직무도 똑같이 불가능한 업무이다. 대학 총장으로 성공한 사람은 극히 적다. 그리고 그들 대부분은 각각 오랜 기간 그 이전 직장에서 뛰어난 성과를 올려 왔던 사람들이다.

다국적 기업의 해외 담당 부사장이란 업무도 이와 비슷하게 불가능한 임무이다. 모회사 관할지 이외의 생산이나 판매가 어느 정도 이상, 즉 전체의 2할을 넘어서게 되면 모회사를 뺀 전부를 하나의 조직 단위로 묶으려는 것은 살인적인, 아니 불가능한 직무를 낳는다.

그런 경우, 예를 들면 네덜란드 필립스사처럼 모회사의 직할이 아닌 사업은 제품 그룹별로 조직하든지 아니면 선진 공업국 블럭(미국, 캐나다, 서유럽, 일본), 개발 도상국 블럭(중남미의 대부분, 오스트레일리아, 인도, 중동 제국), 기타 저개발국 블럭이라는 사회 경제적인 공통성에 근거해 지역별로 조직하는 편이 좋다. 대규모 화학품 메이커 중 몇 개 회사는 이미 이와 비슷한 방법을 취하고 있다.

오늘날에는 큰 나라의 대사 업무도 이와 같이 불가능하게 되어 가고 있다. 대사에게 대사관 활동은 너무 방대하고 취급하기 어렵고 분산되어 있다. 때문에 이것을 관리해야 할 대사는 대사로서 가장 중요한 임무, 즉 주재국 정부나 정책, 국민을 알고, 그들에게 자국을 알리고 신뢰를 쌓는 업무에 시간 할애는커녕 관심을 가지는 것조차 어려운 지경이다.

또한 앞에서 서술했던 맥나라마의 업무 처리 방식에도 불구하고 나는 지금 미 국방 장관의 직무가 가능한 영역을 넘어서고 있다고 생각한다. 그렇지만 현재 미 국방 장관의 직무 수행 방법을 어떻게 변화시켜야 하는지에 대해 아직 구체적인 방법을 알지는 못한다.

따라서 우선 직무가 적절하게 설계되었는지 확인해야 한다. 적절하게 설계되어 있지 않다면 그와 같은 불가능한 업무를 수행할 천재를 찾으려고 해서는 안 된다. 오히려 직무 자체를 재설계해야만 한다.

조직을 평가하는 기준은 천재적인 인간의 유무가 아니다. 그것은 평범한 인간이 비범한 성과를 올리고 있는지의 여부이다.

2. 직무 전체가 보다 많은 것을 요구하는 큰 틀로 설계되어야 한다는 것이다.

직무는 하나 하나의 사람이 각자의 강점을 표출할 수 있게 도전하는 것이어야 한다. 업무에 관련된 강점이 어떤 것이건, 그것을 총동원해 눈에 띄는 성과를 올릴 수 있도록 크게 설계하는 것이 필요하다.

그러나 대부분의 조직이 그런 사고 방식으로 직무를 설계하지 않는다. 반대로 작은 직무를 설계하려 든다. 하지만 그런 직무는 인간이 특정 시간에 특정 작업을 하도록 설계하고 만들어지는 경우 외에는 별다른 의미를 갖지 못한다. 실제로 직무에 매달려 있는 것은 살아 있는 인간이다.

그리고 가장 단순한 직무조차도 일을 시작하는 순간 반드시 변화하기 시작할 운명을 가진다. 게다가 갑자기 변하는 수도 있다. 그러므로 직무와 인간 사이의 완전한 적합은 급속도로 부적합하게 변화한다. 따라서 직무는 처음부터 크게 많은 것을 요구하도록 설계하는 경우에만 변화해 가는 상황의 새로운 요구에 응해 갈 수 있다.

이런 것은 특히 신입 사원인 지식 노동자의 직무에 적용할 수 있다. 그가 어떤 강점을 가졌건 직무는 그가 그 강점을 충분하게 발휘할 수 있는 기회를 만들지 않으면 안 된다. 또한 지식 노동자의 일생을 이끌고 그 자신과 공헌을 판정할 기준은 항상 최초의 직무에서 설계된다.

성인이 되어 최초의 직무를 담당하게 될 때까지 지식 노동자는 성과를 올릴 기회를 갖지 못한다. 학교에서 보여줄 수 있는 것은 가능성뿐이다. 성과를 올린다는 것은 기업, 정부 기관, 연구소, 학교 등에서 현실의 업무를 할 때만 가능하다.

따라서 신참 지식 노동자 본인뿐만 아니라 조직의 다른 사람들, 다른 동료나 상사가 분명하게 해야 할 중요한 점은, 그가 무엇을 할 수 있는지 파악하는 것이다. 그리고 이 신참 지식 노동자는 자신에게 적합한 업무가 무엇인지 빨리 알아 내야만 한다.

육체 노동에 필요한 적성이나 기능에 관해서는 극히 신뢰도가 높은 테스트가 있다. 목수나 기계공 업무가 가능한지는 미리 테스트할 수 있다. 그러나 지식 노동에 적합한 사람을 판명하는 테스트는 없다. 지식 노동에서 필요한 것은 이런저런 기능이 아닌 종합적인 적성과 능력이기 때문이다. 그런 적성이나 능력은 실제로 일을 해 보아야 비로소 밝혀진다.

목수나 기계공의 일은 기능에 의해서 규정될 뿐 작업의 차이는 거의 없다. 그러나 지식 노동자가 기여하기 위해서는 조직의 가치나 목표가 그 자신의 전문 지식이나 기능 이상으로 중요한 의미를 가진다.

또한 어떤 조직에 적합한 강점을 가진 젊은이가 같은 종류의 다른 조직에는 적합하지 않는 경우가 있다. 따라서 지식 노동자의 최초 직무는 그 자신과 조직의 적합을 테스트할 수 있는 장이 되어야 한다.

조직의 상이함은 기업과 정부 기관, 대학 등의 사이에서 뿐만 아니라 같은 종류의 조직 사이에서도 발견된다. 나 자신은 지금까지 완전히 똑같은 가치 기준을 갖고 똑같은 공헌을 중시하는 조직을 본 적이 없다.

어떤 대학에서 생산적이고 충실한 생활을 했던 교수가 대학을 옮겨서 불만을 토로하고, 전망이 없어지고, 능력을 발휘할 수 없게 된 예는 학장이 늘 눈으로 보는 일이다.

미국의 공무원 인사 위원회가 아무리 똑같은 규칙, 똑같은 기준을 갖도록 지도해도 정부 기관은 설립한 지 수년이 지나면 독자적인 문화 속에 움직이고 만다. 각각의 기관이 각각의 직원, 특히 그 경영자에 대해 기여도를 평가하는 데 독특한 스타일을 필요로 하기 때문이다.

노동력의 유동성이 높은 편인 구미 제국에서 젊은 사람은 업무를 변경하기 쉽다. 그러나 설사 그렇다 해도 10년 이상 한 조직에 있으면서 성과를 올리지 못하는 사람이 직무를 바꾸기는 어렵다.

따라서 젊은 지식 노동자는 가능한 빠른 시기에 '나는 내 자신의 강점이 발휘될 수 있는 적합한 업무나 직무를 하고 있는가'를 자문해 보아야 한다.

그러나 만약 그가 맡은 최초의 직무가 너무도 작고 쉬울 뿐 아니라, 그의 능력을 끌어 내지 못하고 경험이 없어도 문제될 것이 없게 설계된 것이라면 이 질문에 대답할 수 있기는커녕 이 질문을 제기하는 것조차 불가능하다.

군의관, 연구소의 화학자, 기업의 회계사, 공장의 기사, 병원의 간호사 등 젊은 지식 노동자를 대상으로 한 모든 조사가 똑같은 결과를 보여 주고 있다.

열의에 불타고 자랑할 만한 성과를 올리고 있는 사람이란 그 능력이 도전받고 활용되고 있는 사람들이다. 이에 반해 강한 불만을 갖고 있는 사람들은 모두, 말하는 스타일은 달라도 자신의 능력이 살아나지 못하고 있다고 말한다.

도전받아 능력을 시험하기에 직무의 크기가 너무도 작을 때, 그들 젊은 지식 노동자는 조직을 떠나거나 급속하게 의기소침해져 비생산적이고 미숙한 중년의 인간이 되고 만다.

오늘날 모든 분야의 경영자들은 가슴에 정열을 담고 있어야 할 많은 젊은이가 너무도 쉽게 그 정열을 꺼뜨리고 있다고 한탄한다. 그러나 책임져야 할 사람은 그들 경영자이다. 경영자가 젊은이들의 직무를 너무도 작은 범위 내에서 규정했기 때문에 그들의 가슴에서 불꽃이 사그러진 것이다.

3. 직무가 요구하는 것이 아닌, 그 인간이 가능한 것에서 출발하지 않으면 안 된다.

이는 특정의 직무에 관한 인사 결정 훨씬 전부터, 또 인사와는 무관하게 한 사람 한 사람의 인간에 대해 생각해 두어야 하는 문제이다.

이것이 오늘날 지식 노동자의 정기적인 평가를 위한 인사 고과 제도가 보급되고 있는 이유이다. 그 목적은 중요한 지위에 앉힐 결정을 하기 전에 그 사람 평가를 해두자는 것이다.

그러나 대부분의 큰 조직이 이 제도를 갖고는 있지만 실제로 활용하고 있지 않다. 매년 적어도 한 번은 부하 전원을 평가하고 있다고 대답하는 경영자는 있다. 그러나 그들의 다수도 자기 자신은 상사에 의해 평가받고 있지 않다고 말한다.

또한 모처럼 고과 결과가 파일로 만들어져 있어도 인사를 결정할 때 보는 사람이 없다. 대부분의 사람들은 고과 자료를 도움이 되지 않는 서류라고 무시한다.

인사 고과 제도의 가장 중요한 부분으로 상사가 부하와 만나 인사 고과의 결과에 관해 대화하는 '고과 면담'이라는 것이 있다. 그러나 한 신간 경영 서적 광고는 고과 면담을 상사가 가장 싫어하는 직무라고 적절하게 비유하고 있다.

오늘날 많은 조직이 사용하고 있는 인사 고과는 임상 심리학자나 이상 심리학자가 치료용으로 개발한 것이다. 임상 심리학자는 결국 환자를 치료하는 치료사이다. 환자가 잘 하고 있는 상태가 아닌 환자가 뭔가 이상을 보이는 상태를 대상으로 한 것이다.

애초에 무엇인가 이상한 조짐이 없다면 그 사람이 있는 곳으로 갈 이유는 없다. 따라서 임상 심리학자나 이상 심리학자는 인간의 약점을 진단하기 위해 인간을 평가한다.

내가 이와 같은 사실에 관심을 갖기 시작한 것은 일본 경영에 처음 접하면서부터였다. 놀랍게도 참가자인 대기업의 최고 경영자 누구 한 사람도 인사 고과 제도를 사용하고 있지 않았다.

'어째서인가'라는 나의 질문에 대해 그들 중 한 사람은 "당신들의 제도는 인간의 결점이나 약점을 드러나게 하기 위한 것이다. 그러나 일본에서는 해고를 하거나 승진을 막을 수 없다. 때문에 그런 제도에는 관심이 없다. 개개 사원의 약점 따위는 차라리 모르는 편이 낫다. 알아야 하는 것은 강점이고 어떤 것이 가능한가이다. 그런데 당신의 인사 고과 제도는 인간의 강점에는 관심을 갖고 있지 않다."고 대답했다.

물론 이 주장에 대해 구미의 심리학자, 특히 인사 고과를 설계했던 사람들은 이견을 제기할 것이다. 그러나 지금 일본뿐만 아니라 미국이나 독일에서도 현재의 인사 고과 제도는 그렇게 보이고 있다.

특히 구미는 일본의 성공에 대해 생각해야만 한다. 일본에는 종신 고용제가 있다. 일본에서는 한 번 취직하면 각각 공장 노동자, 사무원, 전문가, 종합직으로서 연령과 근속 년수에 따라 승진하고 15년이면 두 배가 되는 속도로 월급이 오른다. 사실상 그 동안퇴직이나 해고는 없다. 45세를 넘기면 그들을 선별하여 극히 소수의 사람이 능력과 실적에 의해 고위 관리자로 뽑힌다.

그러면 그런 제도는 일본 기업의 실적을 올리는 그 커다란 능력과 어떤 관계가 있을까? 대답은 일본의 제도가 인간의 약점을 중시하지 않는 데 장점이 있다는 것이다. 일본에서는 사람들이 자유롭게 회사를 옮겨 다니지 않기 때문에 항상 자기 주변에서 업무가 가능한 인간을 찾아야만 한다. 그들은 항상 강점을 찾는다.

나는 일본의 방법을 장려하고 있는 것은 아니다. 그것은 이상으로부터 먼 것이다. 능력을 실증한 사람만이 중요한 일 전부를 맡는다. 중요하지 않은 일만이 조직에 의해 수행된다.

　우리 구미에서는 개인도 조직도 장점으로 인정하고 있는 노동력의 유동성은 유지하면서도, 어느 정도는 일본처럼 강점을 찾아 사용하는 인사 방법을 받아들여야 한다.

　오늘날의 인사 고과 제도에 충실히 좇아 부하의 약점에 초점을 맞춘다면 상사와 부하와의 관계는 파괴되고 만다. 조직 내부 규정에 의해 인사 고과를 충실하게 실행하고 있지 않은 경영자는 건전한 본능에 따르고 있다고 말할 수 있다. 결점이나 단점, 약점에 초점을 맞춘 인사 면담을 싫어하는 것도 충분히 이해가 간다.

　환자가 도움을 청하고 있을 때 그 사람의 문제에 대해 이야기하는 것은 치료자의 책임이다. 그러나 그와 같은 것은 히포크라테스 이래 의사와 환자 사이의 전문적인 특별한 관계에 국한된다. 조직에서 상사와 부하 사이의 권한에 기초한 관계와는 다르다. 결함을 중심에 놓으면 지속적으로 일하는 것이 거의 불가능해진다.

　따라서 정해진 인사 고과 제도를 사용하는 경영자가 없다는 사실은 그리 놀라울 게 없다. 그 제도는 부적절한 목적을 위한, 부적절한 상황의, 부적절한 도구이다.

　또한 현재의 인사 고과 제도와 그 배경에 있는 사상은 잠재 능력에 지나치게 관심을 갖고 있다. 경험한 사람이라면 누구라도 알 수 있듯이, 장래의 가능성이나 다른 업무에서의 가능성 등을 평가하는 것은 불가능하다. 잠재 능력이란 장래 전망의 다른 말에 지나지 않는다. 전망이 있다고 해도 실현되지 못하는 경우가 많다. 반대로 전망이 없어 보였던 사람들이 실제로 성과를 올리는 경우도 있다.

우리가 할 수 있는 것은 현실의 평가일 뿐이다. 평가해야 할 것도 현실의 성과뿐이다. 이것이 직무를 크고 도전적으로 만들어야 할 또 하나의 이유이다.

우리들은 한 사람 한 사람의 인간이 조직의 성과를 위해 기여한 공헌을 철저하게 평가해야 한다. 왜냐하면 사람의 성과는 구체적인 성과에 기대서만 평가될 수 있기 때문이다.

그럼에도 몇 가지의 인사 고과 방법은 필요하다. 그렇지 않으면 우리들은 인사 고과를 적절하지 않을 경우, 즉 인사 문제를 결정할 때만 사용하게 될 것이다.

따라서 성과를 올리는 경영자는 항상 그들 독자적인 고과 방법을 궁리해야 한다. 그와 같은 인사 고과는 우선 과거와 현재의 직무에서 기대되는 기여, 그리고 그 기여의 목표에 따른 실제 성과를 기록한다. 그 후 다음의 네 가지 점을 평가한다.

1) 그가 잘 하는 일은 무엇인가.
2) 그가 잘 할 것 같은 일은 무엇인가.
3) 그가 강점을 발휘하기 위해서는 무엇을 알고,

무엇을 체득해야 하는가.
4) 그 사람 밑에서 내 아들이나 딸을 일하게 할 수 있는가.
　　a) 그렇다면 왜인가,
　　b) 그렇지 않다면 왜인가.

　이 인사 고과는 통상의 인사 고과보다도 엄격하게 사람을 본다. 그러나 이것은 강점에 초점을 맞추고 있다. 무엇이 가능한가로부터 출발하고 있는 것이다. 약점은 강점을 발휘하고 성과와 업적을 올리는데 제약 요인으로서만 간주한다. 강점에 직접 관계가 없는 평가 항목은 마지막 4)의 b)뿐이다.

　부하, 특히 선두를 달릴 야심적인 부하는 강한 상사를 모방한다. 따라서 조직에서 유능하지만 부패한 경영자만큼 다른 사람을 부패하게 만드는 사람은 없다.

　그런 인간은 자신의 업무에서는 성과를 올릴 수 있을지 모른다. 또 다른 사람에 대해 영향을 줄 만한 힘이 없는 지위에 있다면 특별한 해악도 끼칠 수 없을지 모른다. 그러나 영향력 있는 지위에 놓이면 대단히 파괴적이 된다. 이것은 인간의 약점이 그 자체로 중요하고 커다란 의미를 갖는 유일한 영역이다.

　인간성이나 품성은 그것 자체로는 어떤 일도 이룰 수 없다. 그러나 그런 것이 없다면 다른 모든 것을 파괴한다. 따라서 인간성이나 품성에 관련된 결함은 단지 업무상의 능력이나 강점에 대한 제약 조건에 머물지 않고 그 자체가 사람을 파탄에 빠뜨리는 유일한 약점이다.

4. 강점을 손에 넣으려면 약점을 참아야 한다.

역사상 유명한 사령관 치고 자기 중심적이 아니고 자부심이 강하지 않고 거울 속의 자신에게 도취되지 않은 인물은 거의 없다. 그러나 그 반대는 아니다. 스스로의 위대함에 자신을 가지면서 위대한 사령관으로 역사에 남지 않은 장군도 수없이 많다.

마찬가지로 대통령이나 수상이 되고 싶다고 생각하지 않는 인물은 위대한 정치가로 이름을 남길 수 없다. 고작 국가에 약간 도움이 되는 정치가밖에 될 수 없을 것이다. 그 이상의 인물이 되기 위해서는 세계 아니면 적어도 국가가 자신을 필요로 하고 그 운명이 자신의 어깨에 달려 있다고 믿을 정도의 자부심이 없어서는 안 된다.

위험한 상황에서 지휘를 맡을 능력이 필요하다면, 겸허함의 결여를 눈감아 주고 디즈레일리나 프랭클린 루스벨트 같은 인물을 받아들여야 한다.

원래 가장 가까운 하인의 눈으로 보면 위대한 인간은 있을 수 없다. 불쌍한 것은 차라리 하인 쪽이다. 그들은 그 인간이 역사 무대에서 발휘하는 특별한 재능과 관계가 없는 인간적 속성까지 옆에서 보고 있기 때문이다.

따라서 그 인간은 어떤 중요한 부분에서 강점을 갖고 있을까, 그 강점은 일의 목표와 관계가 있을까, 탁월한 성과를 올리는 데 이 강점은 큰 의미가 있을까를 물어 보아야 한다. 그리고 대답이 그렇다라면 그대로 이 사람을 임명하지 않으면 안 된다.

평범한 두 사람이 탁월한 한 사람과 똑같은 성과를 올릴 수 있다고 생각해서는 안 된다. 평범한 두 사람은 평범한 한 사람만큼도 성과를 올리지 못하고 서로 거추장스럽기만 하다는 것을 알아야 한다.

업적을 올리려면 탁월한 능력이 필요하다. 이런 경우 '인간'이 아닌 어떤 '특정한 업무에서 뛰어난 인간'을 고려하지 않으면 안 된다. 그리고 그 특정 업무에 관한 강점을 가진 인간을 찾고 탁월성에 초점을 맞추는 인사를 수행해야 한다. 인사는 문제가 아닌, 기회에 초점을 맞춰야 한다.

그런데 사람을 요구하면 '놓아 줄 수 없다', '없어서는 곤란하다', '꼭 필요한 사람이다' 등의 대답이 나오는 경우가 있는데 여기에는 세 가지 이유가 있음을 알아야 한다.

첫째로 그 인간이 실제로는 무능하지만 감싸 줄 필요가 있을 때, 둘째로 약한 상사를 뒷받침하기 위해 그 인간의 강점을 사용하고 있을 때, 셋째 중요한 문제의 존재를 은폐하려는 것은 아니지만, 중요한 문제에 매달리는 것을 늦출 필요가 있어 그 인간의 강점을 사용하고 있는 경우이다.

하지만 그 어느 경우에도 꼭 필요한 인간은 누가 뭐라든 즉시 이동시켜야 한다. 그렇지 않으면 그의 강점은 파괴되고 만다.

앞 장에서 소개한 어느 거대 체인 스토어 사장도 상사가 '꼭 필요한 부하'라고 한 사람은 모두 자동적으로 이동시키고 있었다. 그것은 상사가 약하든지, 부하가 약하든지, 양쪽 모두가 약하든지 그 어느 쪽을 의미하고 있고, 그것을 어쨌든 빨리 밝혀 내야 하기 때문이다.

실적을 통해 어떤 직무에 적임자로 밝혀진 사람은 반드시 그 직무에서 이동, 승진시키는 것을 절대적인 규칙으로 삼아야 한다. '꼭 필요한 사람이다', '그 쪽에서는 받아들이기 어려울 것이다', '너무 젊다', '현장 경험이 없는 사람을 배치했던 적은 없었다' 등의 반론은 일축해야 한다.

직무에 가장 적당한 사람을 증원해야 하기 때문만은 아니다. 실적을 올린 사람에게는 기회를 주어야 한다. 문제가 아닌, 기회를 중심으로 인사를 행하는 것이야말로 성과를 올리는 조직, 헌신과 정열을 창조하는 길이다.

반대로 항상 두드러진 성과를 올릴 수 없는 사람, 특히 관리자는 용서 없이 이동시켜야 한다. 그런 사람을 이동시키지 않으면 다른 사람까지도 물들게 된다.

또 내버려 두면 조직 전체에 대해 불공정한 처사로 된다. 그러한 무능한 상사 때문에 성과가 알려질 기회를 빼앗기고 있는 부하에 대해 불공정한 처사가 된다. 그리고 무엇보다도 본인에게도 의미 없는 잔혹한 짓이다.

실은 본인도 자신이 맞지 않다는 사실을 알고 있다. 직무에 맞지 않는 인간은 반드시 압박감과 긴장에 시달리고 있고, 본인 자신이 탈출하고 싶어한다. 일본의 종신 고용제나 구미의 공무원 제도가 무능을 이동 이유로 인정하지 않는 것은 중대한 문제이다.

제2차 세계 대전 중에 마샬 장군은 탁월하지 않은 장군은 즉시 해임시켜 버렸다. 지휘를 계속 맡기는 것은 그 지휘하에 있는 인간, 군, 국가에 대한 책임에 반하는 것이었기 때문이다.

그는 '대치할 만한 사람이 없다'는 이유에는 절대 귀를 기울이지 않았다. "중요한 것은 임무를 다할 능력이 없다는 것이 밝혀진 사실이다. 어디에서 후임자를 찾느냐는 다음 문제다."라고 그는 말했다.

그러나 마샬은 "직무로부터의 해임은 그 인간의 문제가 아닌, 그 사람을 임명했던 사람의 문제다."라고도 말했다. "분명한 것은 그 업무가 맞지 않았다는 것뿐이다. 다른 직무에도 맞지 않다는 것이 아니다. 그러므로 그 사람을 임명했던 내 자신의 잘못이 크고, 그 사람이 어디에서 잘할 수 있는지를 찾아내는 것은 내 책임이다."

마샬은 어떻게 강점을 찾아낼 수 있는지를 가르치고 있다. 그가 처음으로 인사를 집행할 지위에 올랐던 1930년대 중반경, 군에서는 제일선에 서 있던 장군이 아무도 없었다. 마샬 자신이 연령 제한을 4개월 남기고 있었다. 60세 생일이 1939년 12월 31일이었음에도 참모 총장 취임일은 불과 4개월 전인 9월 1일이었다.

제2차 대전에서 활약한 장군들은 마샬이 그들을 선발할 무렵, 아직 미래를 판단할 수 없는 서투른 장교들이었다. 아이젠하워조차 소위에 지나지 않았다. 그러나 1942년 마샬은 미국 역사상 가장 많은 수의 유능한 장교들을 손에 넣을 수 있었다. 부적격자는 없었고 2류 장교는 극히 소수였다.

이와 같이 군 역사상 최고라 해야 할 교육상 위업은 마샬이라는, 몽고메리나 드골, 맥아더 류의(인간적 흡입력이나 자신감이라는 지휘자 특유의) 속성을 전혀 갖추지 않은 사람에 의해 이루어졌다.

그가 갖고 있던 것은 원칙이었다. 그는 '항상 이 남자는 무엇을 할 수 있을까'를 문제시했다. 그리고 그 무엇인가가 가능하다면 무엇이 가능하지 않은지는 2차적인 문제로 여겼다.

예를 들면 마샬은 몇 번이나 조지 패튼을 위로했다. 패튼이라는 야심적이고 자신만만한 전시용 장군이, 평상시 참모의 자질을 갖추지 못한 것으로 인한 어떤 불리함도 당하지 않도록 한 것이다. 그러나 마샬 자신은 패튼과 같은 화려한 군인 스타일을 싫어하고 있었다.

마샬은 강점 발휘에 제약을 주는 약점만 신경을 썼다. 그와 같은 약점조차도 일과 기회를 줌으로써 극복할 수 있게 했던 것이다.

예를 들면 마샬은 아이젠하워 소위가 체계적인 전략적 사고를 할 수 있도록 하기 위해, 1930년대 중반 경에 일부러 전략 부문 업무를 맡겼다. 그 결과 아이젠하워가 전략가가 되지는 않았다. 그러나 아이젠하워는 전략에 대한 존경과 이해력을 체득했다. 그럼으로써 팀 편성이나 전술에 관한 그의 커다란 장점이 가졌던 제약이 없어졌다.

마샬은 아무리 현재의 직무에 꼭 필요한 사람으로 여겨지고 있더라도 새로운 직무에 가장 적합하다면 주저 없이 그 사람을 뽑았다. 누군가 지위가 높은 사람이 그 '꼭 필요한 사람'은 끌어가지 않도록 해달라고 말하면 "이 이동은 직무를 위한 것이고 본인과 군을 위한 것"이라고 대답했을 뿐이다.

마샬은 딱 한 번 예외를 만들었다. 그는 루스벨트 대통령에게 꼭 필요한 사람이라고 여겨져 워싱턴에 머무르게 되었다. 그는 유럽 생활을 포기하고 유럽에서의 최고 사령관 지위를 아이젠하워에게 물려주었다.

마샬은 인사는 결국 도박이라는 것을 알고 있었다. 그러나 그 인간이 무엇을 할 수 있는지를 인사의 중심에 놓음으로써 그 도박은 적어도 합리적일 수 있었다.

상사는 부하의 업무에 책임을 진다. 상사는 또한 부하의 경력을 좌우할 힘을 갖고 있다. 따라서 강점을 키우는 인사는 성과를 올리기 위한 필요 조건일 뿐만 아니라 도덕적인 지상 명령, 권력과 지위에 수반되는 책임이다. 약점에 초점을 맞추는 것은 번지수가 틀렸을 뿐만 아니라 무책임한 것이다.

상사는 부하 한 사람 한 사람의 강점을 가능한 한 키워야 할 책임이 있다. 그리고 조직은 한 사람 한 사람의 인간에 대해, 각자의 제약 요소나 약점에도 불구하고 자신의 강점을 통해서 업무를 완수할 수 있게끔 봉사해야 한다. 그것은 오늘날 점점 중요하게 되어 가고 있다. 아니 가장 중요하다고도 할 수 있다.

불과 1세기 전만 해도 지식을 사용하는 업무 수는 적었고 고용 기회도 한정되어 있었다. 예를 들면 독일이나 스칸디나비아 각국에서 국가 공무원이 되려면 법률 학위가 필요했다. 수학자는 응모해도 허사였다. 지식을 업무에 사용해 생계를 꾸려 나가려고 생각하는 젊은이에게 주어지는 고용 기회는 서너 가지 지식 분야밖에 없었다.

이에 반해 오늘날에는 놀랄 만큼 다양한 종류의 지식 노동이 있고 놀랄 만큼 다양한 고용의 선택 기회가 있다. 1900년경, 실제적인 목적을 가진 지식 분야는 법률, 의학, 교육, 종교 등 전통적인 직업에 국한되어 있었다. 그러나 오늘날에는 글자 그대로 수백 가지에 이르는 학문 체계가 고용의 장에 열려 있다. 게다가 모든 지식 분야가 조직, 특히 기업과 정부 기관에서 생산적으로 사용되고 있다.

따라서 오늘날에는 자기 자신의 능력에 가장 적합한 지식 분야를 선택하고 또 고용 기회를 발견할 수 있다. 얼마 전까지처럼 자신을 지식 분야나 고용의 장에 짜맞출 필요는 없다. 오히려 오늘날에는 젊은이가 스스로 자신의 길을 선택하기가 어렵다. 자기 자신이나 기회에 대해서 충분한 정보를 갖고 있지 않기 때문이다.

그 때문에 오늘날 한 사람 한 사람의 인간이 자신의 강점을 살리는 방향으로 나아가는 것은 아주 중요하다. 또한 조직에서도 경영자들이 자신과 부하의 강점에 초점을 맞추고 강점을 살리는 것이 극히 중요해지고 있다.

게다가 오늘날과 같은 지식 노동 시대에 강점을 기초로 한 인사는, 경영자 자신이 성과를 올리고 조직이 성과를 올리기 위해서 뿐만 아니라, 개인과 회사에 있어서도 소홀히 할 수 없게 되고 있다.

상사를 관리하라

성과를 올리는 경영자는 상사의 강점을 완전하게 살리려고 노력하지 않으면 안 된다.

기업이나 정부 기관, 그 밖의 어떤 조직에서도 '부하 관리는 그다지 문제가 없다. 그러나 내 상사에게 어떻게 대처해야 좋을지 모르겠다'고 고민하지 않은 경영자를 만나 본 적이 없다.

이런 문제의 해답은 의외로 간단하다. 성과를 올리는 경영자라면 누구나 알고 있는 것이다. 비결은 상사의 강점을 살리는 것이다.

이것은 처세의 상식이다. 현실은 기업 드라마와는 다르다. 부하가 무능한 상사를 무너뜨리거나 뛰어넘어 그 지위를 손에 넣는 것은 현실에서는 일어나지 않는다. 상사가 승진할 수 없으면 부하도 그 상사 뒤를 쫓아다닐 뿐이다.

게다가 상사가 무능과 실패 때문에 경질되어도 유능한 후임자가 뒤를 잇는 경우는 드물다. 혹시 서열 밖에서 스카우트된 사람이 뒤를 잇는다 치자, 그 때 그는 자신과 호흡이 맞는 유능한 젊은이를 데리고 온다.

반대로 뛰어난 상사, 승진이 빠른 상사를 모시고 있다고 해서 부하가 성공에 도움을 받는 것도 아니다.

그러나 처세는 별도로 하더라도 상사의 강점을 살리는 것은 부하가 성과를 올리는 열쇠이다. 즉, 상사에게 인정받고 활용됨으로써 자신의 공헌에 초점을 맞출 수 있게 되는 것이다. 그리고 자신이 믿는 것을 실현할 수 있게 된다.

달리 말해 상사의 강점을 살리겠다는 의지만 있어서는 안 된다. 반드시 해야 할 것이라고 생각하는 것이 있으면 상사가 알 수 있는 형태로 그것을 제안해야 한다.

상사도 인간이다. 인간이기 때문에 강점과 함께 약점을 갖고 있다. 그러나 상사의 강점을 강조하고 상사가 잘 할 수 있는 것을 하도록 하면 상사뿐만 아니라 부하인 자신도 성과를 올릴 수 있게 된다. 반대로 상사의 약점을 강조하는 것은 부하의 약점을 강조하는 것과 똑같이 상사의 의욕과 성장을 방해한다.

따라서 '상사는 무엇을 잘 할 수 있는가', '무엇을 잘 해 왔는가', '강점을 살리기 위해서 그는 무엇을 알아야 하는가', '성과를 올리기 위해서 내가 무엇을 해주어야 하는가'를 생각해야 한다. 상사가 잘못하는 것을 너무 우려해서는 안 된다.

부하는 상사를 개혁하고 싶어한다. 유능한 고급 관리는 신임 장관에게 나침반 역할을 자처하기 쉽다. 그리고 한계를 극복시키려고 한다.

그러나 성과를 올리는 관리는 '신임 장관이 무엇을 할 수 있는가'를 생각한다. 그리고 '의회나 대통령, 국민과의 관계를 원만하게 유지'하게 하기 위해 그러한 능력을 충분히 사용할 수 있게끔 노력한다.

탁월한 행정이나 정책도 정치적인 수완을 갖고 의회나 대통령에게 제시해야만 의미가 있다. 게다가 신임 장관도 관리가 그를 도와 주려고 하는 것을 안다면 정책이나 행정에 관한 설명에도 귀를 기울이게 될 것이다.

또한 상사도 한 인간이기 때문에 각각 자기류의 성과를 올리는 방법이 있다는 것을 알아야 한다. 즉, 상사에게 특유의 업무 처리 방식이 있음을 알아야 하는 것이다. 단순한 버릇이나 습관일지도 모른다. 그러나 그런 것들은 실재하는 현실이다.

이미 밝혀졌듯이 인간에는 크게 나누어 '읽는 사람(문서에 의해 정보를 얻는 사람'과 '듣는 사람(구두 정보를 받아들이는 사람)'이 있다. 예외적으로 프랭클린 루스벨트, 린든 존슨, 윈스턴 처칠처럼 이야기를 하면서 상대의 반응을 포착하고 정보를 얻는 사람도 있다. 읽으면서 동시에 듣는 타입의 사람도 있다. 이 타입은 법정 변호사에게 이상적이다.

읽는 타입의 사람에게 말로 이야기하는 것은 시간 낭비다. 그들은 읽은 후가 아니라면 절대로 들을 수 없다. 반대로 듣는 사람에게 두꺼운 보고서를 건네주면 종이만 낭비하는 셈이 될 것이다. 귀로 듣지 않으면 어떤 것이 있는지조차 이해하기 어렵다.

아이젠하워처럼 한 페이지의 요약이 필요한 사람들도 있다. 사고 과정을 더듬을 필요가 있어 두꺼운 보고서가 아니면 이해하기 힘들어 하는 사람도 있다. 또는 모든 분야에 걸쳐 60쪽에 걸쳐 숫자로 쓰여진 데이터를 보고 싶어하는 상사도 있다.

의사 결정 준비 때문에 처음부터 관여하고 싶어하는 상사도 있다. 반대로 시기가 올 때까지는 아무 것도 듣고 싶어하지 않는 상사도 있다.

상사의 강점을 생각하고 그 강점을 살리려면, '무엇이'가 아닌, '어떻게'에도 유의해야 한다. 무엇이 중요하고 무엇이 옳은 것인가 뿐만 아니라 모든 순서에 서로 연관이 있음을 제시하는 것이 문제가 된다.

정치적인 능력이 의미를 갖는 일에서 상사의 강점이 정치적인 수완이라면, 정치적인 측면에서 설명을 시작해야 한다. 그러면 그 상사는 무엇에 관한 문제인지를 이해하고 그 강점을 발휘할 수 있게 된다.

누구나 타인을 보는 데는 전문가이다. 본인보다도 잘 안다. 따라서 상사에게 성과를 올리게 하는 것은 너무도 간단하다. 그러나 그를 위해서는 그의 강점과 그가 할 수 있는 것에 초점을 맞추어야 한다. 약점이 관계가 없는 것이 되도록 강점에 초점을 맞추어야 하는 것이다.

상사의 강점에 중심을 놓는 것만큼 부하의 성과를 쉽게 올리는 것도 없다.

스스로 성과를 올린다

자신의 업무에서도 우선 강점에서 출발해야 한다. 즉 자신이 할 수 있는 것부터 수행해야 한다.

기업이나 정부 기관, 병원에서 일하는 경영자의 다수는 타인이 자신에게 해줄 수 없는 것을 잘 알고 있다. 그들은 상사가 해주지 않는 것이나 기업의 방침이 해줄 수 없는 것, 정부가 할 수 없는 것에 지나치게 신경 쓴다. 그 결과 그들은 다른 부분이 해주지 않는 것을 불평하는 데 자신의 시간과 강점을 낭비한다.

성과를 올리는 경영자도 자신에 대한 제약 여건에는 신경을 쓴다. 그러나 그들은 해서 바람직한 것이고 할 가치가 있는 것을 간단하게 찾아낸다. 타인이 해주지 못하는 것에 불만을 털어 놓는 대신에 해서 바람직한 것을 차례차례 해낸다. 게다가 그 결과로 그의 경우에는 동료들에게는 무겁게 걸려 있는 제약이 해소되고 만다.

어느 대규모 민간 철도 회사의 최고 경영진들 모두는 정부는 아무 것도 해줄 수 없다고 알고 있었다. 거기에 그런 상황을 전혀 모르는 사람이 경리 담당 부사장으로 스카우트되어 왔다. 그는 워싱턴에 가서 주간 통상 위원회를 방문해 몇 가지의 새로운 사업 허가를 신청했다.

그런데 주간 통상 위원회 위원장은 "위원회는 신청한 것 대부분에 관심이 없으니 알아서 하십시오. 그 밖의 것에 대해서는 그 쪽에서 시험해 본 경우에만 허가를 내줍니다. 별 문제 없이 잘 되었다면 정식으로 허가를 내주게 됩니다." 라고 대답했다고 한다.

'아무 것도 해줄 수 없다'라는 말이 타성대로 움직이기 위한 변명이 아닌지 의심할 필요가 있다. 모든 사람이 심한 제약 조건 속에서도 살아남아 일하고 있다. 실제로 몇 가지 제약 조건이 있다고 해도, 할 수 있는 적절하고 의미 있는 일은 있기 마련이다. 성과를 올리는 경영자는 그런 일을 찾는다.

우선 무엇이 가능한가라는 질문에서 출발해 보면, 대부분의 경우 자신이 가진 시간과 자원으로 처리할 수 없을 만큼 많은 일이 있다는 것을 알게 될 것이다.

강점을 살리는 것은 업무 처리 방식에서도 중요하다. 어떤 방법으로 자신이 가장 성과를 올릴 수 있는지 알기는 그렇게 어렵지 않다.

어른이라면 누구나 아침과 저녁 중 어느 때가 더 업무를 처리하기 좋은 때인지 안다. 한 번 쭉 내리쓰는 스타일과 천천히 완벽한 문장을 하나하나 쓰는 것과 어느 쪽이 좋은 문장을 쓸 수 있는지도 알고 있다. 메모를 할 때와 완전히 아무 것도 준비하지 않는 때, 어느 쪽이 더 나은 연설을 할 수 있는지도 알고 있다. 또한 팀의 일원으로서와 한 개인으로서 일할 때 어느 때 일을 더 잘 할 수 있는지 알고 있다. 팀의 일원으로서는 거의 일을 할 수 없을지도 모른다.

상세한 줄거리가 있을 때, 즉 충분히 생각해 놓았을 때 가장 일을 잘 하는 사람들이 있다. 압박감이 있어야 일을 잘 할 수 있는 사람도 있다. 기한이 닥쳐서야 겨우 시간을 맞추어 일을 끝내는 쪽이 업무를 잘 해내는 데 더 좋다는 사람도 있다. 어떤 사람들은 읽는 사람이고 어떤 사람은 듣는 사람이다.

이러한 자신의 특성은 오른손잡이인가 왼손잡이인가처럼 모두가 알고 있는 것이다. 물론 그러한 것은 표면적인 것일 수도 있다. 그러나 꼭 그렇지는 않다. 그러한 버릇이나 습관 대부분은 세계관이나 자기 인식 등 기본적인 개성을 반영하고 있다.

그리고 설령 표면적인 것에 지나지 않는다 해도 그러한 업무상의 습관은 성과 향상의 기본에 관련되어 있다. 어떤 업무에 적용해도 대체로 타당하다.

성과를 올리는 경영자는 이것을 알고 있다. 그리고 그것을 좇아 행동하고 있다. 무엇보다 성과를 올리는 경영자는 자기 자신에 충실하려 한다. 결코 다른 누군가가 되려 하지 않는다.

그는 자신의 업무 스타일과 성과를 보고 자신의 패턴을 식별하려 한다. 다른 사람에게는 어렵지만 자신은 간단히 할 수 있는 것은 무엇인지를 생각한다.

다른 사람에게는 귀찮고 번거로운 일인 보고서 정리를 간단하게 할 수 있는 사람이 있다. 그런데 그 보고를 기초로 한 의사 결정은 서투르고 잘 하지 못하는 사람도 있다. 이것은 그가 의사 결정자가 아닌 문제를 조정하는 스탭으로서 성과를 올리는 사람이라는 것을 말한다.

자신이 하나의 프로젝트를 할 때 처음부터 끝까지 혼자서 해야 잘 하는 타입이라는 사실도 알 수 있다. 또는 자신이 교섭에, 특히 노조와의 단체 교섭처럼 인간적인 요소를 포함하는 교섭에 자신 있다는 것을 알 수도 있다. 아니면 노조로부터의 요구 내용을 예측하는 것이 장기라고 말할 수도 있다.

보통 그러한 것은 인간의 강점이나 약점에 관해 말할 때 머리에 떠오르지 않는다. 강점과 약점이라면 보통 전문 분야에 관한 지식이나 실무에 관한 능력에 관해서이다. 그러나 성과를 올리기 때문에 인간의 기질은 하나의 요소이자, 중요한 요소이다. 그리고 보통 성인이 되면 자신의 기질을 잘 알고 있다.

따라서 자신의 특기가 무엇인지 알고, 자신이 잘 할 수 있는 방법으로 그것을 해냄으로써 성과를 올릴 수 있다.

지금까지 언급해 온 다른 마음가짐과 달리 강점을 살리는 것은 행동일 뿐만 아니라 자세이기도 하다. 그러나 그 자세는 행동에 의해 개선할 수 있다.

동료, 부하, 상사에 대해 '할 수 없는 것은 무엇인가'가 아닌, '할 수 있는 것은 무엇인가'를 의식적으로 생각하려 한다면, 강점을 찾고 그것을 사용하는 자세를 체득할 수 있다. 그리고 드디어는 스스로에 대해서도 똑같이 생각하는 방식을 체득하게 될 것이다.

성과와 관련된 모든 일에 대해 기회를 만들어 냄과 동시에 문제를 제거해야 한다. 특히 인사에 대해서 같은 것을 말할 수 있다. 자신을 포함한 모든 인간을 기회로 보아야 한다. 강점만이 성과를 낳는다. 약점은, 기껏해야 두통을 일으킬 뿐, 약점을 없앤다고 어떤 것이 만들어지지는 않는다. 약점을 없애는 것에 에너지를 집중하는 것이 아니라 강점을 북돋우는 데 에너지를 쏟아야 한다.

더욱이 인간 집단의 기준은 리더의 업무 스타일에 의해 결정된다. 따라서 리더야말로 강점에 기초해 업무를 수행해야만 한다.

스포츠 세계에서도 누군가 신기록을 세우면 곧 세계 모든 선수가 새로운 차원으로 들어간다. 오랫동안 어느 누구도 1마일을 4분 이내에 달릴 수 없었다. 그런데 그로저 바니스타가 1954년에 4분을 돌파한 순간, 세계 각지에서 동네 스포츠 클럽 수준의 선수조차 세계 기록에 접근하기 시작했고 일류 선수들은 차례로 4분을 뛰어넘어 버렸다.

인간 세계에서 리더와 보통의 사람들과의 거리는 일정하다. 리더의 업무 수준을 높이면 보통 사람의 업무 수준도 높아진다.

집단 전체의 성적을 올리는 것보다 리더 한 사람의 성적을 올리기가 쉽다는 것을 알아야 한다. 따라서 리더의 지위, 즉 표준을 설정하고 기준을 정하는 지위에는 걸출한 기준을 설정할 수 있는 강점을 지닌 인간을 올려 놓아야 한다.

그리고 여기서도 그 인간이 가진 최대의 강점에 초점을 맞추고, 그 강점의 발휘에 방해되지 않는 한 약점은 관계 없는 것으로 간주해 무시해야 한다.

경영자의 임무는 인간을 변화시키는 것이 아니다. 경영자의 임무는 성서에 나오는 달란트 비유처럼 개인이 가진 모든 강점, 활력, 의욕을 동원함으로써 전체의 능력을 증가시키는 것이어야 한다.

5

가장 중요한 것부터
시작하라

성과를 올리기 위한 비결을 하나만 든다면 그것은 집중이다. 성과를 올리는 경영자는 가장 중요한 것에서 시작하고 한 번에 하나만을 수행한다. 집중이 필요한 것은 경영자 직무의 본질과 인간의 본질로부터 나온다.

몇 개의 이유는 이미 밝혀졌다. 일을 해야 할 시간보다도 수행해야 할 중요한 업무가 많기 때문이다. 해야 할 일을 분석하면 당혹스러울 정도로 많은 중요한 업무가 나온다. 경영자의 시간을 분석해 보면 꼭 해야 할 업무에 쪼갤 수 있는 시간은 놀라울 정도로 적다는 것이 분명해진다. 아무리 시간을 관리하려고 해도 그의 시간 반 이상은 여전히 그 자신의 시간이 아니다. 시간은 항상 적자이다.

공헌에 초점을 맞추면 맞출수록 모아진 시간이 필요해진다. 단순히 바쁜 대로 흘러가는 것이 아닌, 성과를 올리는 데 힘을 집중할수록 지속적인 노력이 필요하다. 그러나 정말 생산적인 반나절, 또는 2주간을 손에 넣기 위해서는 엄격한 자기 관리와 아니오라고 말할 수 있는 부동의 결의가 필요하다.

더욱이 강점을 만들려 하면, 인간의 강점을 중요한 기회에 집중할 필요성을 인식하게 된다. 그 이외에 성과를 올리는 방법은 없다. 두 개는커녕 하나의 일만이라도 훌륭하게 처리하는 것은 어렵기 때문에 집중이 필요하다.

인간에게는 놀라울 정도로 다양한 능력이 있다. 인간은 만능 도구와 같다. 그러나 그 인간의 다양성을 생산적으로 사용하려면 그 다양한 능력을 하나의 업무에 집중해야 한다. 모든 능력을 하나의 성과에 쏟기 위해서 집중이 필요한 것이다.

많은 구슬을 능숙하게 다루는 것은 곡예이다. 그러나 그와 같은 곡예도 지속되는 것은 고작 10분 정도이다. 무대에서 계속하려고 한다면 구슬은 떨어지고 만다.

물론 여러 가지 인간이 있다. 동시에 두 가지 업무를 손에 쥐고 템포를 변화시켜 가는 쪽이 더 낫다고 하는 사람도 있다. 그러나 그와 같은 사람도 두 개의 업무 각각에 대해 성과를 올리려 하면 한 무더기의 시간이 필요하다. 그러나 세 가지 업무를 동시에 가지고 탁월한 성과를 올리는 사람은 거의 없다.

물론 모짜르트가 있다. 그는 몇 개의 작품을 동시에 작곡했다. 게다가 모두가 걸작이었다. 그러나 그는 유일한 예외이다. 바하, 헨델, 하이든, 베르디는 비록 거장이었지만 한 번에 한 곡 이상 작곡할 수 없었다. 하나의 곡을 끝내고 나서든지, 또는 작곡하고 있던 곡을 일시적으로 옆에 치워두고 작업하지 않으면 새로운 곡에 달려들 수 없었다.

조직에서 일하는 경영자가 업무에서 모짜르트처럼 되기는 어렵다.

집중은 경영자가 너무도 많은 업무에 둘러싸여 있기 때문에 필요하다. 왜냐하면 한 번에 하나의 일만을 해야 빨리 업무를 마칠 수 있기 때문이다. 시간, 노력, 자원을 집중하면 할수록 실제로 할 수 있는 업무의 수와 양, 그리고 종류는 많아진다.

내가 알고 있는 기업 경영자 중에 최근 은퇴한 제약 회사 사장만큼 성과를 올렸던 사람은 없다. 그 사장이 취임했을 당시, 그 기업의 규모는 작았고 사업도 국내로 국한되어 있었다. 그러나 11년 후 은퇴했을 때 그 기업은 세계적인 기업으로 변해 있었다. 그는 사장 취임 후 수년간 특히 연구 개발을 중심으로 한 방향 설정과 계획, 인사에 힘을 기울였다.

사장 취임 당시까지 그 기업은 연구 개발에 앞서가기는커녕 대세에도 뒤처지고 있었다. 사장 자신도 과학자는 아니었다. 그러나 그는 선두를 달리는 다른 회사와 비교해 5년 정도 늦는다면 전망이 없다고 생각했다. 그는 독자적으로 방향을 결정해 나가야 했다.

그 기업은 5년 후 2개의 새로운 중요 분야에서 주도적 위치를 차지할 수 있었다. 그러자 그 사장은 이번에는 그 기업을 세계적인 기업으로 키우기 위해 힘을 기울이기 시작했다.

이미 스위스의 유서 깊은 제약 회사 몇 개가 세계의 리더 자리를 차지하고 있었다. 그는 세계 의약품의 소비 동향을 분석해 보고 어느 나라에서나 의료 보험 제도와 국가의 보건 서비스가 수요를 좌우하고 있다는 것을 알게 되었다. 그래서 그는 해외 진출 시기를 각 나라가 보건 서비스를 확대하는 시기로 맞추었다. 그래서 그 나라에 진출해 있는 국제적인 제약 회사와 경쟁하지 않고, 처음부터 대규모로 사업을 시작할 수 있었다.

그리고 마지막 5년간 그는 의료 시스템의 변화에 적합한 경영 전략을 확립했다. 당시 이미 세계 어디에서든 의약품 구입은 개개 의사가 결정하고 있었지만, 실제 지불은 정부나 비영리 병원, 혹은 미국의 블루 크로스와 같은 반 공영 기관이 처리하는 방식으로 변화하고 있었다.

그 전략이 잘 되어 나갈지는 아직 모른다. 그러나 내가 아는 한, 이 회사는 세계의 대규모 제약 회사 중에서 경영 전략이나 가격 정책, 마케팅, 기업간의 제휴에 관해 세계적인 관점에서 생각하고 있는 유일한 회사이다.

한 사람의 사장이 임기 중에 이와 같은 커다란 사업을 집중해 수행할 수 있었다는 것은 놀라운 일이다. 이 사장은 그와 같은 대규모 사업을 세 가지나 수행했고, 또한 강력하고 우수한 사원들과 함께 세계적인 조직을 쌓았다. 그러나 그는 그러한 것을 한 번에 하나씩 집중해서 이룩했다.

이것이 어려운 임무를 몇 개씩이나 이룩한 사람들의 비결이다. 그들은 한 번에 하나의 업무를 수행한다. 그 결과 다른 사람보다도 훨씬 적은 시간만을 필요로 한다.

도리어 어떤 성과도 올리지 못하는 사람들이 종종 훨씬 열심히 일하는 경우가 있다.

성과를 올리지 못하는 사람은 우선 첫째로, 하나의 업무에 필요한 시간을 과소평가한다. 그리고 모든 것이 잘 되어 나가리라고 기대한다. 그러나 모두가 알고 있듯이, 무작정 잘 되어 가는 것은 아무 것도 없다. 예측할 수 없는 일이 항상 발생한다. 게다가 그러한 예측할 수 없는 사건은 거의 항상 유쾌한 것이 아니다. 따라서 성과를 올리는 경영자는 실제로 필요한 시간 이상으로 시간의 여유를 갖는다.

둘째로, 일반 경영자, 즉 그다지 성과를 올리지 못하는 경영자는 급하게 서두른다. 그래서 오히려 늦고 만다. 그러나 성과를 올리는 경영자는 시간과 경쟁하려 하지 않는다. 천천히 사업을 진행시킨다.

셋째로, 일반 경영자는 동시에 몇 가지 일을 하려고 한다. 그 결과 손에 잡고 있는 일 어떤 것에도 필요한 뭉텅이 시간을 할애할 수 없다. 그 때문에 사업 중 어느 하나라도 문제에 부딪치면 모두가 멈추고 만다.

성과를 올리는 경영자는 많은 일을 해야 하고, 게다가 성과를 올려야 한다는 것을 잘 알고 있다. 따라서 자신의 시간이나 정력, 조직 전체의 시간과 에너지를 한 번에 하나의 일에 집중한다. 그것도 가장 중요한 일을 가장 먼저 할 수 있게 집중한다.

과거로부터 탈피하라

　힘을 집중하기 위한 제1의 법칙은 이미 생산적이지 않게 된 과거의 것을 버리는 것이다. 그 때문에 자신과 부하의 일을 정기적으로 점검하고, 아직 수행되고 있지 않은 경우 지금 손을 대도 되는지 물어 보아야 한다. 대답이 무조건적인 예가 아닌 경우, 그 사업은 완전히 그만두든지 크게 축소해야 한다. 적어도 이미 생산적이지 않은 과거의 일 때문에 추가 자원을 투입해서는 안 된다.
　그리고 즉시 어제의 사업에 투입하고 있던 일급 자원, 특히 인간의 강점이라는 희소한 자원을 끌어내 내일의 기회에 투입해야 한다.
　경영자인 사람은 좋아하건 좋아하지 않건 항상 과거가 초래한 문제에 빠져 있다. 이것은 피하기 어려운 일이다. 오늘은 언제나 어제의 결정과 행동의 결과이기 때문이다.
　어떤 지위나 신분을 가진 인간이라도 내일을 알 수는 없다. 따라서 어제 아무리 용기 있고 현명하게 판단했더라도 그 결정이나 행동은 오늘의 문제나 위기의 씨앗이 될 수 있다.
　기업이나 정부 기관, 그 밖의 어떤 조직에서든 경영자는 오늘의 자원을 내일을 위해 사용하지 않으면 안 된다. 그런데 자신이나 전임자가 어제 내린 의사 결정이나 행동의 뒤처리 때문에 오늘의 시간과 에너지와 머리를 사용하지 않으면 안 되는 것이 현실이다. 사실 그런 종류의 일이 경영자 시간의 반 이상을 차지한다.

그러나 과거로부터 이어진 활동이나 업무 중, 성과를 기대할 수 없게 된 것을 버림으로써 그와 같은 과거에 대한 봉사는 줄어들 수 있다. 누구나 완전한 실패를 버리기는 어렵지 않다. 완전한 실패는 자연히 소멸한다. 그러나 어제의 성공은 비생산적인 것으로 된 후에도 살아남아 이어진다.

그런데 오히려 그것보다 훨씬 위험한 것이 있다. 잘 업무가 진행되어 나가면서도 어찌된 영문인지 성과가 오르지 않는 활동이다. 그와 같은 활동은 경영자의 '독선적 투자'가 되어 신성한 분위기마저 감돌게 된다. 그와 같은 활동은 엄격히 배제하지 않으면 조직의 피를 빨아먹는다. 그리고 마치 성공할 것처럼 보이는 무모한 시도에 낭비되는 것은 항상 가장 유능한 사람들의 능력이다.

모든 조직은 이 두 경향에 빠지기 쉽다. 특히 이 경향은 정부 기관에 만연하고 있다. 정부 계획이나 활동도 다른 조직의 계획과 똑같이 급속하게 시대에 뒤처진다. 하지만 정부 기관은 영원한 존재로 여겨질 뿐만 아니라 법률에 의해 구조화되고 의회 의원들과 결합되어 기득권 집단화해 간다.

이것은 1914년경처럼, 아직 정부가 작고 사회에 중요한 역할을 하지 않았을 때는 큰 위험이 없었다. 그러나 오늘날의 정부는 그 능력이나 자원을 어제를 위해 할애할 여유가 없다. 하지만 이미 30년 전에 규제의 필요성이 없어져 버린, 철도 회사로부터 국민을 지키기 위한 활동을 지금까지 수행하고 있는 주간 통상 위원회(ICC)처럼, 미 연방 정부 각종 기관의 적어도 반은 이미 규제할 필요가 없는 것을 규제하고 있다.

뿐만 아니라 농업 광고 프로그램 대부분이 그러하듯이 정치가의 독선적 투자, 즉 성과를 올려야 하면서도 성과를 올릴 수 없는 활동을 하고 있다.

오늘날 정부의 모든 법령과 모든 기관, 모든 계획은 각각의 성과나 기여에 대해 제3의 기관의 철저한 검토를 받아 새로운 입법 조치에 의해 연장되는 경우를 제외하고는 모든 것이 임시적인 조치로 되고, 일정 기간, 예를 들어 10년을 경과하면 자동적으로 폐기된다는 성과 본위의 새로운 행정 원칙이 강하게 요청되고 있다.

1965년부터 1966년에 걸쳐 존슨 대통령은, 정부 기관의 모든 기관과 계획에 대하여 그와 같은 행정 원칙의 검토를 지시했다. 그는 맥나마라 장관이 국방성에 근무했을 당시, 진부하고 비생산적인 업무를 배제시키기 위해 개발했던 프로그램 리뷰의 방법을 검토시켰다.

이것이야말로 옳은 방향으로 향하는 노력의 제1보였다. 그러나 그와 같은 노력도, 그 유효 기간이 경과한 것이 증명되지 않으면 영원히 존속돼도 좋다는 전통적인 사고 방식이 남아 있는 한 성공할 수 없다.

모든 계획은 급속하게 그 유용성을 상실한다. 따라서 생산적이고 또 필요하다는 것이 증명되지 않으면 반드시 폐기해야 한다는 사고 방식이 필요하다. 그렇지 않으면 정부는 규칙이나 규제, 서식에 의해 사회를 질식시켜 가고 또한 스스로를 질식시켜 갈 것이다.

특별히 정부 기관은 비대해질 위험이 크다. 그렇다고 해서 다른 모든 조직이 이 질병으로부터 면역성을 갖고 있는 것은 아니다.

정부 기관의 관료주의에 대해 목소리를 높여 불평을 털어 놓던 대기업 경영자도 자기 회사에는 필요 없는 규칙을 늘리고, 결정을 지연시키는 구실에 지나지 않는 조사를 명령하고, 각각의 조사나 섭외 관계를 위한 스탭 부분을 팽창시키고 있다. 그리고 그 자신 어제의 진부한 일 때문에 자신이나 다른 최고 경영자의 시간을 낭비하고 있다.

또한 그와 같은 대기업 병에 대해 목소리를 높여 공격하는 학자들도, 이미 진부해진 과목을 필수 과목이라는 이름하에 자신의 연명을 도모하고 교수 회의에서 군림하고 있다.

자신이 성과를 올리기를 바라고 조직이 성과를 올리기를 바라는 경영자는 항상 모든 계획이나 활동, 업무를 점검한다. 그는 항상 이것은 지금도 가치가 있는지를 자문한다. 만약 대답이 아니오라면 그 자신의 업무 성과나 조직의 업적에 있어 가장 의미가 있는 사업에 집중하기 위해 그것들을 제거한다.

성과를 올리는 경영자는 새로운 활동을 시작하기 전에 반드시 과거의 활동을 끝맺는다. 이것은 조직의 비만 방지를 위해 필요한 일이다. 그렇지 않으면 조직은 균형 감각을 잃고 긴장감 없는, 다루기 힘든 물건이 되어 버리기 쉽다. 그러나 사회 조직도 생물 조직과 똑같이 스마트한 근육질의 조직이 되어야 한다.

모든 경영자가 알고 있듯이 새로운 시도에 쉬운 것은 없다. 새로운 것은 반드시 문제에 부딪친다. 따라서 새로운 것은 악조건에 직면했을 때 살아남을 수 있는 방법을 처음부터 강구하지 않으면 실패할 운명이 되고 만다.

그리고 새로운 시도를 곤란으로부터 구하는 유일한 수단은 그 일을 할 수 있는 인간의 존재이다. 그러나 그와 같은 사람들은 항상 너무 바쁜 사람들이다. 지금의 부담을 가볍게 하지 않으면 새로운 업무를 받아들이기 힘들다.

새로운 일을 위해 새 사람을 고용하는 것은 위험하다. 이미 확립되고 순조롭게 운영되고 있는 활동을 확장하려면 새로운 인간을 고용할 수 있다. 그러나 새로운 사업은 업무 능력이 이미 확정된 인간, 즉 베테랑이 시작하지 않으면 안 된다.

새로운 업무란 어딘가에서 누군가가 이미 하고 있다고 해도 모든 것이 도박이다. 따라서 경험 있는 경영자라면 문외한을 고용해 새로운 사업을 담당하게 하는, 위험을 두 배로 증가시키는 일은 하지 않는다. 경험 있는 경영자는 옆에서 일하고 있을 때는 천재처럼 보였던 사람이, 자신이 있는 곳에서 일을 시작하면 반 년도 되지 않아 실패해 버리는 쓰라린 경험을 몇 번이나 맛보았다.

조직에는 신선한 관점을 가진 새로운 사람이 외부로부터 들어올 필요가 있다. 내부의 힘만으로 성장하려고 하는 조직은 혈액의 농도가 진해지고 불임 상태가 되어 버린다.

그러나 위험이 큰 최고 경영자의 지위나 중요한 새로운 활동의 책임자에는 외부 사람을 앉혀서는 안 된다. 외부인은 우선 처음에는 최고 경영자 다음의 지위나 명확하게 오해의 소지가 없는 활동의 책임자 자리에 앉혀야 한다.

낡은 것의 계획적인 폐기야말로 새로운 것을 강력하게 추진하는 유일한 방법이다. 내가 아는 한 아이디어가 부족한 조직은 없다. 창조력도 문제시되지 않는다. 모처럼의 좋은 아이디어를 실현할 업무를 하고 있는 조직이 너무도 작은 데 문제가 있다. 모두가 어제의 일로 너무나 바쁘다.

하지만 모든 계획이나 활동을 정기적으로 점검하고 유용성이 입증되지 않은 일은 폐기한다면, 가장 온건한 관료 조직조차도 놀라울 정도로 창조성을 회복할 것이다.

듀퐁은 제품이나 공정이 진부화되기 전에 스스로 그것을 폐기하여 세계의 대규모 화학품 메이커로서 특히 탁월한 실적을 거두고 있다. 이 회사는 인간이나 자원과 같은 귀중한 재료를 과거 방어를 위해 쓰려고 하지 않는다.

그러나 대부분의 기업은, '마차용 가죽 채찍이라도 효율적으로 생산하면 시장이 있다', '이 회사의 토대를 만든 이 제품 시장을 확보하는 것이 우리들의 임무다' 등과 같이 완전히 잘못된 이념하에서 경영을 하고 있다. 창조성 개발 세미나를 수강한다든지 신제품 부족에 대해 우는 소리를 하고 있는 것이 그와 같은 기업이다.

이에 반해 듀퐁은 신제품을 개발해 판매하기에 바쁘고, 그와 같은 세미나에 사람을 보낸다든지 우는 소리를 늘어 놓을 여유가 없다.

새롭고 생산적인 일을 가능하게 하기 위해서는 보편적으로 낡고 시대에 뒤떨어진 일을 폐기하는 것이 필요하다. 1825년경에 만약 미국에 운송을 관할하는 관청이 존재했다면, 오늘에 이르기까지 말의 재훈련을 위한 기묘한 연구 계획과 함께 방대한 국가 예산으로 뒷받침되는 국유 역마차가 존재하고 있을 것은 거의 분명하다.

업무의 우선 순위, 열등 순위를 결정하라

내일을 위한 생산적인 업무는 거기에 사용할 수 있는 시간량을 항상 웃돈다. 그리고 내일을 위한 기회는 거기에 투입할 유능한 사람 수를 항상 상회한다. 그 때문에 문제나 기회도 충분할 정도로 많다.

따라서 어떤 일이 중요하고 어떤 일이 중요하지 않은지 결정해야 한다. 유일한 문제는 누가 그것을 결정할 것인가이다. 경영자인가 상황의 압력인가이다. 그러나 누가 결정한다고 해도 하여튼 업무는 이용 가능한 시간에 맞추어서 행해질 수밖에 없다. 기회는 그것을 맡을 유능한 인간이 존재할 때만 현실에서 실현될 수 있다.

하지만 경영자가 아닌 상황의 압력이 결정하는 경우에는 중요한 업무가 희생되고 만다. 특히 업무 가운데 가장 많은 시간을 사용할 부분, 즉 의사 결정을 행동으로 변화시키는 과정을 위한 시간은 완전히 없어지게 된다.

어떤 업무도 조직적인 행동이나 자세의 일부가 되기까지는 완결되지 않는다. 어떤 일도 누군가가 자신의 업무로써 받아들여 새로운 방법으로 수행할 필요성을 받아들이지 않는다면 시작되지 않는다.

경영자의 단계에서는, 하나의 프로젝트로 완결되어 있는 것이라도 그것을 누군가가 자신의 일상적인 활동으로 일해 주지 않는다면 완결이라고 볼 수 없다.

시간이 없기 때문에 그 일이 이루어질 수 없는 경우, 그 때까지 기울인 경영자의 업무나 노력은 무위로 되어 버린다. 그러나 만약 그렇게 되었다고 해도 그것은 경영자 자신이 업무의 최우선 순위를 결정하지 않은 데 대한 당연한 업보에 지나지 않는다.

상황에 휩쓸려 최우선 순위를 결정하는 데서 예상되는 또 하나의 결과는 최고 경영자 본래의 업무가 전혀 수행되지 않는 것이다. 최고 경영자 본래의 임무는 어제 발생한 위기를 해결하는 것이 아니고 오늘과 다른 내일을 만들어 나가는 것이다. 그런데도 상황의 압력은 항상 어제를 우선하게 만든다.

또한 상황의 압력에 지배되는 최고 경영자는 최고 경영자 이외의 누구도 할 수 없는 또 하나의 업무, 즉 조직 외부에 주의를 기울이는 업무를 할 수 없게 되어 버린다. 그 결과 유일한 수련의 장이고 유일한 성과의 장인 외부 세계와의 접촉을 잃어버린다.

왜냐하면 상황 압력은 항상 조직 내부에서 발생하는 문제를 우선하게 만들기 때문이다. 상황 압력은 항상 장래보다도 과거에 일어났던 사건을, 기회보다는 위기를, 외부에 실재하는 것보다는 내부의 직접적인 일에 보이는 것을, 또한 의미 있는 것보다는 절박한 것을 우선시한다.

그러나 정말 해야 할 일이 우선 순위 결정은 아니다. 우선 순위 결정은 비교적 쉽다. 집중할 수 있는 경영자가 그다지 많지 않은 것은 열등 순위의 결정, 즉 집중하지 않아도 될 일의 결정과 그 결정의 준수가 어렵기 때문이다.

대부분의 경영자는 연기가 단념이라는 것을 알고 있다. 연기한 계획을 나중에 다시 끌어올리는 것만큼 바람직하지 않은 것은 없다. 나중에 다시 끄집어 올려도 이미 시간은 어긋나 있다. 타이밍은 모든 일의 성공에서 가장 중요한 요소이다. 5년 전에는 가장 현명하게 보였던 일을 오늘 수행한다면 불만과 실패를 초래할 뿐이다.

빅토리아 왕조 시대의 소설을 굳이 끄집어 내지 않더라도, 21살에 약혼했다가 서로 다른 사람과 결혼하고, 함께 배우자를 잃고 나서 38살에 해후해 다시 결혼한다 해도 결혼 생활은 그다지 행복하지 않을 것이다. 21살에 결혼했다면 서로 변화하고 성장해 갔겠지만, 17년의 세월 동안 각자 다른 삶의 방식을 몸에 익혔기 때문이다.

젊은 시절에는 의사가 되고 싶었지만 실업가의 길을 가야 했던 사람이 성공해 50세에 다시 의대에 들어가도 의사로서의 성공은커녕 졸업조차 어렵다. 의료 봉사단에 들어가고 싶다는 강한 종교적인 동기가 있으면 성공할지도 모른다. 그렇지 않으면 의학부의 암기 공부에 견딜 수 없을 정도로 질리고 의사로서의 일 자체가 단조롭고 지루한 일이라고 느끼게 될 것이다.

5, 6년 전에는 잘 이루어졌을 합병도 한 쪽의 사장이 다른 쪽의 사장 밑에 들어가는 것을 거부했기 때문에 연기된다면, 그 단단한 머리의 사장이 은퇴하고 난 후라도 이미 인연은 멀어지게 된다.

연기는 단념이라는 사실이, 어떤 일이건 열등 순위를 만들어 연기하는 것을 망설이게 한다. 그래서 많은 이들은 우선 순위의 일은 아니라는 것을 알고 있다고 해도 열등 순위를 결정하는 것은 너무 위험하다고 생각한다. 여기서 버리는 것이 경쟁 상대로 하여금 성공하게 만들지도 모른다고 여긴다.

정치가나 관료가 중요하지 않다고 결정한 정책 문제가 가장 심각하고 위험한 정치 문제로 발전하지 말라는 법은 없다.

아이젠하워나 케네디는 공민권 문제에는 최우선 순위를 두려고 하지 않았다. 존슨은 정권에 취임했을 때 베트남 문제를 포함해 외교 문제 모든 것을 열등 순위에 두었다. 그가 최우선 순위를 바꾸었을 때 빈곤에 대한 투쟁을 지지하고 있었던 자유주의자들은 당연 격렬하게 반발했다.

열등 순위 1위를 결정하는 것은 즐거운 일이 아니다. 누군가에게 그것은 최우선 사항임에 틀림없기 때문이다.

최우선 사항을 열거하고 그 모든 것에 조금씩 손을 댐으로써 변명의 여지를 만들어 두는 쪽이 훨씬 쉽다. 모두를 만족시킬 수 있다. 물론 이 방법의 유일한 결점은 어떤 일도 되는 일 없이 끝나 버린다는 것이다.

최우선 순위 분석에 대해서는 많은 것을 말할 수 있다. 그러나 최우선 순위와 열등 순위에 관해 가장 중요한 것은 분석이 아니라 용기이다.

최우선 순위 결정에 관해서 몇 개의 중요한 원칙이 있다. 그러한 원칙은 분석이 아닌 용기와 관련된 것이다.

최우선 순위 결정의 몇 가지 원칙

☐ 과거가 아닌 미래를 선택한다.

□ 문제가 아닌 기회에 초점을 맞춘다.
□ 병렬적으로 늘어놓지 않고 독자적으로 방향을 결정한다.
□ 무난하고 쉬운 것이 아닌 변혁을 가져올 수 있도록 조준을 높게 맞춘다.

과학자에 관한 분석 대부분은 – 아인슈타인이나 닐스 보어, 막스 프랭크 등의 천재는 별도로 하고 – 적어도 과학적인 업적은 연구 능력보다도 기회를 추구하는 능력에 좌우된다는 것을 가르쳐 준다.

문제의 도전에 응하지 않고 쉽게 성공할 듯한 일을 선택하면 큰 성과를 올릴 수 없다. 광대한 주석의 집합을 만들 수는 있을지언정 자신의 이름이 붙은 법칙이나 사상을 만들어 낼 수는 없다.

큰 업적을 남기는 사람은 기회를 중심으로 연구의 최우선 순위를 결정하고 다른 요소는 결정 요인이 아닌 제약 요인에 지나지 않는다고 생각한다.

똑같이 경영의 세계에서도 큰 성과를 거두는 기업은 기존의 제품 라인에서 신제품을 생산하는 기업이 아니라 기술이나 사업에서 혁신을 지향하는 기업이다. 게다가 일반적으로 작지만 새로운 것이건, 크고 새로운 것이건, 위험하고 곤란하고 불확실함에는 변함이 없다. 물론 어제의 균형 회복보다 기회를 성과로 전환시키는 쪽이 훨씬 생산적이다.

최우선 순위나 열등 순위는 항상 현실에 비추어 검토하고 수정해야 한다. 역대 미 대통령 중 취임 당시의 최우선 순위를 변경하지 않았던 사람은 하나도 없다. 그리고 높은 우선 순위를 가진 일을 실현시켜 나가는 과정에서도 최우선 순위는 변해 간다.

따라서 현재에 집중해서 매달려 있는 일 이외에 다른 일을 해서는 안 된다. 필요하다면 상황을 재검토하고 그 시점에서 우선 해야 할 일을 선택해야 한다.

집중이란, 진실로 의미 있는 것은 무엇이며 가장 중요한 것은 무엇인가의 관점에서 시간과 일에 관해 스스로 의사 결정을 내리는 용기이다. 그리고 이 집중이야말로 경영자에게 시간과 일의 하수인이 아닌, 그것의 주인이 되기 위한 유일한 방법이다.

6

의사 결정이란 무엇인가

의사 결정은 경영자 업무 중 하나에 지나지 않는다. 보통 시간도 별로 걸리지 않는다. 그러나 의사 결정은 경영자의 특수한 업무이다. 성과를 올리는 경영자를 논하는 데 있어 의사 결정은 특별한 취급을 받을 만한 가치가 있다.

의사 결정은 경영자만이 내린다. 지위 때문인지 지식 때문인지는 논외로 치더라도, 조직이나 조직의 업적에 영향을 끼칠 만한 의사 결정을 내릴 것으로 기대되는 사람이 경영자이다.

따라서 경영자는 성과를 올리기 위한 의사 결정을 내려야 한다. 경영자는 몇 개의 명확한 요소와 수순으로 구성된 체계적인 과정으로서 의사 결정을 내려야만 한다.

성과를 올리는 경영자는 아주 많은 의사 결정을 내리지는 않는다. 그들은 중요한 의사 결정에 집중한다. 개개의 문제 해결에 관해서가 아닌 전략적, 기본적인 것을 생각하려 한다. 고도로 개념적인 이해에 근거해 의사 결정을 내리려 한다. 불변의 것을 보려 한다.

따라서 그들은 의사 결정의 신속함을 중시하지 않는다. 오히려 너무나 많은 변하기 쉬운 사항들을 조절하려 하는 것은 사고의 불충분함을 나타낼 뿐이다.

그들은 무엇에 관한 의사 결정이건 그것이 어떤 현실을 만족시킬 수 있는지를 알고 싶어한다. 테크닉보다는 효과를 원한다. 약삭빠르지 않고 건전하려 노력한다.

성과를 올리는 경영자는 원칙에 근거해 의사 결정을 내려야 하는 것과 개개의 사정에 근거해 의사 결정을 내려야 하는 것을 판별한다. 가장 틀리기 쉬운 의사 결정은 옳은 타협과 틀린 타협의 식별이다. 그들은 그것을 식별하는 방법을 알고 있다.

의사 결정 과정에서 가장 시간이 많이 걸리는 것은 의사 결정 그 자체가 아니라 의사 결정을 실행에 옮길 때이다. 의사 결정은 업무 실행 단계로 내려가지 않는 한 의사 결정이라고 말할 수 없고 고작해야 '좋은 의도'에 지나지 않는다.

이것은 성과를 올리는 의사 결정 그 자체는 고도의 개념적 이해와 관계가 있음에 반해, 그 실시를 위한 행동은 가능한 한 단순해야 하고 가능한 한 업무 수준에 접근해야 함을 의미한다.

두 개의 사례 연구

미국 기업인 중 가장 알려지지 않은 사람인 테어도어 배일은 아마도 미국 기업가 사상 의사 결정에서 가장 성과를 올린 사람일 것이다. 그는 1910년 직전부터 1920년대 중반까지 벨 텔레폰 시스템의 사장으로 재직하면서 그 조직을 세계 최대의 성장 기업으로 육성시켰다.

미국에서 전화 회사가 민간 기업이라는 사실은 당연한 것이다. 그러나 선진국에서 전기 통신 사업이 국가 소유가 아닌 유일한 지역은 벨 사의 영업 지역인 북미 대륙(더 자세히 말하면 미 대륙 전체와 캐나다의 인구 밀도가 높은 두 개 주 퀘벡과 온타리오) 정도였다. 게다가 벨은 중요 산업에서 독점적인 지위를 차지하면서, 또한 처음의 사업이 포화 상태에 이른 뒤에도 위험을 감수하면서 선두에 서서 급성장한 유일한 공익 기업이었다.

그러나 단순히 행운이나 미국의 보수주의가 그 같은 성장을 가능하게 만든 것은 아니었다. 그 원인은 사장 재임 중이던 약 20년간 배일이 내린 4개의 전략적 의사 결정에 있었다. 그는 일찍부터 전기 통신 사업을 민간 기업이 경영하려면 어떤 특수성이 있어야 한다고 생각했다.

유럽 각국에서는 정부 스스로가 별 문제 없이 전기 통신 사업을 경영하고 있었다. 국유화에 대한 방어는 고작 국유화를 지체시키는 효과밖에 없었다. 게다가 방어는 적극적인 것이 못된다. 경영의 상상력이나 에너지를 마비시키고 만다. 그래서 민간 기업인 벨을 어떤 정부 기관보다도 공중의 이익을 대표하는 존재로 부각시키는 정책이 필요했다.

그 같은 생각에서 배일은 우선 첫째로, 벨의 사업은 공중의 욕구를 포착하고 그것을 만족시키는 것이라고 규정했다. 배일은 사장에 취임하자마자 '우리들의 사업은 서비스다'라는 것을 벨의 사업 모토로 삼았다.

20세기에 들어와 얼마 되지 않은 그 당시에 그 같은 사고 방식은 이단이었다. 그러나 배일은 서비스를 제공하는 것이 사업이고 그 서비스를 가능하게 하고 이익을 올리는 것이 벨 경영의 임무라고 여겼다.

게다가 그는 이것을 설명하는 데 그치지 않았다. 그는 실제로 관리자의 활동을 평가하기 위한 기준을 만들고 그가 올린 이익보다도 제공한 서비스를 평가했다. 벨의 관리자는 공중에 대한 서비스에서 성과를 올릴 책임이 있다고 강조한 것이다.

그리고 공중에 대한 최고의 서비스가 벨에 대한 최적의 이익을 올릴 수 있게 벨 전체를 조직하고 재무를 운영하는 것이 최고 경영자의 직무라고 주장했다.

동시에 배일은, 전국 규모의 통신 사업에서 독점체는 전통적인 의미의 자유 기업, 즉 전혀 구속을 받지 않는 민간 기업일 수 없다고 생각했다. 그래서 그는 국유화에 대신하는 유일한 방책으로 공익을 위한 규제 강화를 생각했다. 공정하고 효과적이며 원칙에 입각한 공적 규제는 벨의 이해에 일치하고 그 존속에 불가결하다는 것이다.

배일이 이 결론에 달했을 때, 미국에 공적 규제가 없지는 않았지만 거의 무력화되어 있었다. 산업계의 반대가 사법계의 강력한 지원을 얻어 법률을 허수아비로 만들고 있었다. 규제를 담당하는 각종 위원회도 사람과 자금이 부족해 부패한 삼류 정치가가 끼리끼리 시간을 보내는 장소로 전락해 있었다.

배일은 그와 같은 공적 규제를 효과적으로 만드는 것을 벨의 목표로 삼았다. 그는 그것을 각지에 흩어져 있는 휘하 기업 사장의 임무로 삼았다. 각지의 감독 기관에 활력을 불어넣는 것이 그들의 임무였다. 또한 벨의 본래의 임무를 계속하기 위해, 공중을 보호하기 위한 공정하고 공평한 규제와 요금 설정에 관한 새로운 이념을 발전시키는 것이 그들의 임무가 되었다.

벨의 최고 경영진은 자회사 사장으로부터 선발되었다. 그 결과 벨 전체에 규제에 대한 긍정적인 자세가 스며들 수 있었다.

세 번째로 배일은 산업계에서 가장 성공한 기업 연구소의 하나인 벨 연구소를 설립했다. 여기에서도 배일의 문제 의식은 사적 독점의 존속 필요성에서 출발하고 있었다. 그는 어떻게 독점에 경쟁력을 부여할 수 있는지를 문제로 삼았다.

분명히 벨에게는 소비자에게 같은 종류의 상품을 공급하거나 같은 종류의 욕구를 충족시키는 측면에서 보았을 때 동종 회사와 경쟁은 없었다. 그러나 경쟁이 없는 독점체는 급속하게 경직되고 성장과 변혁 능력을 잃어버린다.

그러나 배일은 독점체에서도 현재와의 경쟁 상대로서 미래를 조직할 수 있다고 생각했다. 통신 사업과 같은 기술 지향형 산업에서 미래는 현재와 다른 탁월한 기술을 가질 수 있느냐에 달려 있다.

그와 같은 통찰로부터 만든 벨 연구소는 기업 연구소로서 미국 최초는 아니었다. 그러나 그것은 사업이 아무리 능률적이고 이익을 올리고 있어도 그것을 스스로의 손으로 진부화시키는 것을 목적으로 하는 세계 최초의 기업 연구소였다. 제1차 대전 중에 최종적인 모습이 확립된 벨 연구소는 완전히 혁신적인 기업 연구소였다.

오늘에 이르러서도 기업인 중에는 연구 활동이 진실로 생산적이기 위해서는 조직의 파괴자, 미래의 창조자, 오늘의 적이 되어야 함을 이해하는 사람이 그다지 많지 않다. 그 결과 대부분의 기업 연구소가 주로 오늘을 존속시키기 위한 조직 방어적인 연구를 하고 있다. 그러나 벨 연구소에서는 처음부터 조직 방어적 연구는 배제하고 있었다.

오늘날에 와서 배일의 사고가 얼마나 정확했는지가 증명되고 있다. 벨 연구소는 전화 기술의 보급에 의해 북미 대륙 전체를 하나의 거대한 자동 전화 교환기로 만들어 버렸다.

벨 연구소는 배일과 그 시대의 사람들이 상상도 할 수 없었던 영역, 즉 텔레비전 프로그램이나 컴퓨터 데이터를 전송하고 통신 위성 분야에 벨의 활동 영역을 확장하고 있다. 그와 같은 새로운 통신 체계를 가능하게 만든 과학 기술상의 발전은 수리 정보 이론, 트랜지스터 같은 신제품이나 신과정이든, 컴퓨터 이론이나 설계 등이든 대부분 벨 연구소에서 탄생함으로써 가능했다.

그리고 배일은 네 번째로, 1920년대 초기 기업인으로서 활약을 마칠 무렵 벨을 위해 대중 자본 시장을 구축했다. 이것도 또한 민간 기업으로서 벨을 존속시키기 위한 것이었다.

기업이 정부로 넘어가는 것은 사회주의의 영향 때문이라기 보다도 필요한 자본을 획득하는 데 실패했기 때문이다. 1860년부터 1920년에 걸쳐 유럽의 철도가 정부로 넘어간 주요한 원인도 필요한 자본을 얻지 못했기 때문이다. 영국의 탄광이나 전력의 국유화 원인도 근대화에 필요한 자본을 끌어들이지 못했기 때문이었다.

제1차 세계 대전 후의 인플레 시대에 있었던 유럽 대륙의 전력 국유화도 그 주요 원인은 똑같았다. 전력 회사는 통화 가치의 하락을 상쇄시키는 데 필요한 요금을 인상할 수 없었기 때문에 설비 근대화나 확장에 필요한 자금을 조달할 수 없었다.

배일이 이 문제의 의미를 모두 이해하고 있었는지 기록상으로는 알 수 없다. 그러나 그는 벨이 당시의 자본 시장으로부터 조달할 수 없을 만큼 많은 자본을 확실하고 안정적으로 공급받아야 할 필요성을 이해하고 있었다.

다른 공익 사업, 특히 전력 부문의 자기 발행 유가 증권 투자는 1920년대 당시 유일한 투자가였던 투기꾼에게 매력적인 존재로 비쳤다. 그들은 지주 회사를 설립하고 모회사의 보통주에 투기적인 조작성과 매력을 부여해 장기 자금을 조달하는 동시에, 운전 자금은 주로 보험 회사를 비롯한 전통적인 자금원으로부터 조달하고 있었다.

그러나 배일은 그런 방법으로는 건전한 자금을 얻을 수 없다는 사실을 알고 있었다. 1920년대 초에 그가 탄생시킨 ATT 보통주는 법적 형식을 빼면 그러한 투기적인 주식과 아무런 공통점도 없었다. ATT 보통주는 일반 대중을 위한 주식이었다. 즉, 샐리 아주머니 같은 평범한, 투자할 돈은 갖고 있으면서도 위험을 피할 수 있는 금은 갖고 있지 않은, 당시 등장하기 시작한 중산 계급을 위한 주식이었다.

거의 확실한 배당이 붙은 ATT 보통주는 확정 이자율 채권과 똑같이 미망인이나 고아들도 살 수 있었다. 게다가 보통주였기 때문에 캐피탈 게인(가격 상승 차익)에 대한 기대와 인플레 대책의 의미도 있었다.

배일이 이 새로운 금융 상품을 생각했을 당시 실제로 샐리 아주머니 같은 투자가는 아직 없었다. 보통주를 살 돈을 가진 중산층이 나타나게 된 것은 훨씬 후의 일이다. 당시는 중산 계급이 은행이나 보험, 저당 증권에 저축하거나 투자하고 있던 시대였다. 담이 큰 사람만이 초보자 수준에서 1920년대 당시 아직 투기적이었던 보통주를 사고 있었다.

물론 배일이 샐리 아주머니와 같은 투자자를 만들어 냈던 것은 아니다. 그러나 그는 이윽고 그러한 사람들을 투자자로 만들었다. 그리고 그 사람들의 저축은 그들 자신과 벨의 이익을 위해 공헌했다. 벨이 반 세기에 걸쳐 투자한 수천억 달러의 자금은 이 방법으로 조달한 것이다. 그리고 그 동안 ATT 보통주는 미국과 캐나다 중산 계급의 자금 운용에서 핵심적인 역할을 수행했다.

배일은 여기서도 이 구상의 실현을 위한 수단까지 생각했다. 그 결과 벨은 월가에 의존하지 않고 스스로 은행이나 증권 회사의 역할을 할 수 있게 되었다. 이런 재무상의 문제에서 배일의 보호자였던 월터 기포드가 드디어 벨의 사장으로 배일의 뒤를 이었다.

이러한 배일의 의사 결정은 단지 그 회사 즉, 벨이 안고 있던 문제를 해결하기 위한 것이었다. 그러나 그 정책의 배경을 이루는 기본적인 사고 방식에서 성과를 올리는 의사 결정 방식을 볼 수 있다.

알프레드 P. 슬론 2세의 예도 똑같은 것을 시사하고 있다. 슬론은 배일이 실업가로서의 생애를 끝내고 있던 1922년, GM 사장에 취임했다. 슬론은 GM의 조직을 재설계하여 드디어 세계 최대의 자동차 메이커로 끌어올렸다.

슬론의 시대가 배일의 시대와 달랐듯이 그 자신 또한 배일과는 다른 타입의 인간이었다. 그러나 슬론의 이름을 빛낸 GM 조직 분산화에 관한 의사 결정은, 벨을 위해 배일이 내린 몇 개인가의 중요한 의사 결정과 완전히 같은 종류의 것이었다.

슬론이 그의 저서 『GM과 함께한 나의 삶』에서 말하고 있듯이, 그가 사장으로 취임했던 1922년 당시 GM은 각 부장들이 할거하고 있던 느슨한 연방 조직이었다. 그들 족장(부장)들은 수년 전까지 자신의 회사였던 각 사업 부문의 경영을 담당하고 있었다. 그런데 그들은 그것이 아직 자신의 회사인 양 경영하고 있었다.

그런 상황에서 전통적인 대처 방법은 두 가지밖에 없다. 하나는 사업을 양도받은 후 그런 강한 독립심을 가진 사람들을 물러나게 하는 방법이다. 이것은 존 D. 록펠러가 스탠더드 오일 트러스트를 만들고, 슬론보다 수년 앞서 J. P. 모건이 US 스틸을 만들었던 방법이다.

또 하나는 이전 소유자들에게 지휘를 맡기고 본사 개입을 최소한으로 국한시키는 방법이다. 이것은 소위 자사주 구입권에 의해 규정된 무정부 상태라고도 할 수 있다. 즉, '각 부족장들도 개인적인 경제적 이익을 위해서는 기업 전체 이익에 걸맞게 행동을 해야 한다'는 사고방식이다. GM의 창립자였던 듀란트나 슬론의 전임자였던 피에르 듀퐁의 방법이 그것이었다.

그러나 슬론이 취임했을 때, GM은 그러한 극히 자립심이 강한 사람들끼리 조화가 이루어지지 않아 붕괴 일보 직전까지 내몰리고 있었다.

슬론은 그와 같은 상황을 막 합병한 회사가 직면한 단기적 문제가 아닌, 대기업이 항상 직면하는 일반적인 문제로 여겼다. 슬론은 대기업에도 지휘의 통일성과 중앙에 의한 통제가 필요하다고 생각했다. 진정한 권력을 가진 최고 경영자가 필요했던 것이다. 그러나 동시에 사업 현장에서는 열의와 강력한 힘이 필요했다.

실제로 사업 운영을 담당하는 사람에게는 사업을 자기 스타일대로 움직일 자유를 주지 않으면 안 된다. 책임을 주고 동시에 책임에 수반되는 권한을 주어야 한다. 무엇을 잘 할 수 있는지를 드러낼 기회를 주고 올린 성과에 대해서 보답을 해주어야 한다. 분명히 슬론은 이런 것을 알아차리고 있었다.

몇 년이 지나면 강력하고 독립심이 강한 경영자를 조직 내부로부터 조달해야 할 필요성이 생기고, 그 때 이는 한층 중요한 의미를 갖게 된다.

그러나 당시 슬론 이외의 모두는, 이 문제를 개개 인간의 문제로 이해하고 승리자가 되는 자가 잡는 권력에 의해 곧 해결될 문제로 바라보고 있었다.

이에 대해 슬론은 이 문제를 새로운 조직 구조에 의해 해결되어야 하는 구조적인 문제로 보았다. 그리고 그가 구상한 새로운 조직 구조는 사업 운영에서는 지방 자치를, 사업 방향이나 방침에서는 중앙 통제로 시도하는 조직의 균형을 도모하는 것이었다.

이 해결책이 얼마나 유효했는지는 GM이 큰 성과를 올리지 못했던 유일한 영역을 봄으로써 잘 이해할 수 있을 것이다. GM은 적어도 1930년대 중반 이후에 국민의 정치적인 기분이나 정부 방침, 정책을 예측하거나 이해하지 못하고 있었다. 그리고 이 영역이야말로 GM에서 분권화되지 않았던 영역이었다. 사실 1935년 이래 GM의 상급 경영자가 공화당 보수파가 아니라는 것은 거의 상상할 수 없었다.

배일과 슬론의 의사 결정은 각각 완전히 다른 문제를 취급해 뛰어난 해결책을 강구했음에도 불구하고 몇 가지 중요한 공통점을 갖고 있다. 즉, 그들의 의사 결정은 이미 최고의 개념적 수준에서 문제와 씨름하고 있다. 그들은 무엇에 관한 의사 결정인지를 충분하게 검토해 문제 해결을 위한 원칙부터 밝히려고 했다.

다시 말하면 그것은 전부 그 때 당시 개개의 욕구에 대한 대응으로서 뿐만 아니라 전략적인 의사 결정으로서 다루고 있었던 것이다.

그들은 모든 것을 개혁했다. 그들은 모든 것에 논쟁적이었다. 사실 그들 두 사람이 내린 다섯 가지 의사 결정은 모두 당시 사람들이 알고 있던 것과 정면으로 대립하는 것이었다.

배일은 사장으로서의 첫 임기 중에 이사회에 의해 밀려났다. 전기 통신 사업은 서비스 사업이라는 그의 사고 방식은 이익을 사업의 유일한 목적으로 알고 있는 사람들을 좀처럼 납득시킬 수 없었기 때문이다.

규제는 이해에 일치하고 벨의 존속에 필요한 것이라는 그의 신념도, 규제는 수단과 방법을 다해 싸우지 않으면 안 되는 '잠입해 들어오는 사회주의'라고 알고 있는 사람들에게는 반도덕적이라고까지 말할 수는 없어도, 적어도 경솔한 생각으로 치부되었다. 그러나 그로부터 몇 년 후 전화 국유화 목소리가 급속하게 높아지자 깜짝 놀란 이사회는 그를 다시 사장의 지위로 불러들일 수밖에 없었다.

또한 현재의 공정이나 기술이 회사에 커다란 이익을 안겨 주고 있을 때 그것을 진부화시키기 위해 돈을 들인다는 의사 결정, 그리고 그것을 위해 커다란 연구소를 세운다는 의사 결정, 또는 그 당시에 일반적이었던 투기적인 자금 조달을 거부하는 의사 결정도 이사회로부터 기묘한 행동이라고 공격받았다.

　마찬가지로 슬론의 분권화도 당시에는 받아들이기 힘든 것, 당시 사람들이 알고 있던 모든 상식에 반하는 것으로 여겨졌다.

　그 때 미국 산업계에서 가장 급진적이라고 일반적으로 인식되고 있었던 기업인은 헨리 포드였다. 그러나 포드조차 배일이나 슬론의 의사 결정은 너무 조잡하다고 여겼다. 포드에게는 새롭게 설계한 T형 포드 자동차야말로 영원히 이상적인 차였다.

　배일의 체계적인 자기 진부화는 포드에게 어리석은 행동으로 비쳤음에 틀림없다. 게다가 포드는 가장 엄격한 중앙 통제만이 능률과 성과를 얻을 수 있다고 믿고 있었다. 슬론의 분권화는 그의 눈에는 자멸하는 약점으로밖에 보이지 않았다.

어떤 의사 결정 과정을 거쳐야 하는가

　배일과 슬론의 의사 결정에서 중요한 특징은 신기함이나 논란을 부르는 독자성이 아니다. 그들이 내린 의사 결정에서 보이는 특징은 다음과 같은 곳에 있다.

1. 취급해야 할 문제가 일반적인 것이고, 그런 문제는 룰이나 원칙

을 확립하는 의사 결정을 통해서만 해결된다는 사실을 명확하게 인식하고 있었다는 것.

2. 의사 결정이 만족시켜야 할 요건, 즉 환경 조건을 명확히 하고 있었다는 것.

3. 의사 결정을 받아들이기 쉽게 하기 위한 타협, 적응, 양보에 신경쓰기 전에, 옳은 해답, 즉 환경 조건을 만족시키는 해답에 대해 철저하게 검토하고 있었다는 것.

4. 의사 결정 실시를 위한 행동을 의사 결정 안에 끌어넣고 있었다는 것.

5. 의사 결정의 적절함이나 성과를 결과에 의해 검토하기 위해 피드백을 수행하고 있었다는 것.

이러한 것이 성과를 올리는 의사 결정을 구성하는 다섯 가지 요소이다.

1의 '이것은 일반적인 문제인가, 예외적인 문제인가', '몇 번이나 일어나고 있는 것인가, 개별로 대처해야 할 특수한 문제인가'를 묻지 않으면 안 된다.

일반적인 문제는 항상 방침이나 절차를 통해 해결해야 한다. 이에 반해 예외적인 문제는 개별의 문제로서 개별의 상황에 따라 해결해야만 한다. 엄밀하게 말해 모든 문제는 두 가지가 아니라 네 가지로 분류된다.

첫째, 개개 문제는 일반적인 문제의 단순한 징후라는 점에서 진실로 일반적인 문제는 중요하다.

경영자 업무 중 일어나는 문제 대부분은 이 종류이다. 예를 들어 재고에 관한 의사 결정은 의사 결정이 아니다. 의사 결정의 적용 문제에 지나지 않는다. 생산에 관한 문제도 마찬가지다.

예를 들어 생산 관리부는 한 달에 몇 백개의 문제를 처리한다. 그러나 그러한 문제를 분석하면 그 대부분은 보다 근본적인 상황의 특징에 지나지 않는다는 것이 명백하게 밝혀진다. 한 사람 한 사람의 생산 관리 기술자는 여기에 신경쓰지 않는다.

예를 들어 매월 수 차례 증기나 고열 액체의 파이프 이음매를 고치고 있다고 하자. 그러나 몇 개월에 걸쳐 생산 관리부 전체 업무를 분석해 보면 문제의 일반성이 분명해진다.

온도나 압력이 너무 높아져서 모든 파이프의 이음매를 강화할 필요성이 있다는 결론이 나온다. 모든 이음매를 강화하지 않는 한 언제까지나 사태는 개선되지 않는다. 이렇게 되면 파이프 노출의 손질에 엄청난 시간을 계속 들여야만 한다.

두 번째로 그 조직에서는 특수한 문제이면서 실제로는 일반적인 문제인 종류가 있다.

합병 신청을 받은 기업은 만약 그것을 받아들인다면 그 이후에 또다시 합병 신청을 받지는 않는다. 이것은 만약 받아들인다면 그 기업 이사회 경영진에게 두 번 다시 일어날 수 없는 특수한 문제이다. 그러나 그 같은 문제는 항상 어딘가에서 일어나고 있는 일반적인 문제이다. 따라서 그 신청을 받아들일 것인가 말 것인가를 생각하려면 일반적인 원칙을 알지 않으면 안 된다. 물론 그와 같은 일반적인 원칙을 알기 위해서는 다른 조직의 경험을 배워야만 한다.

세 번째로 정말로 예외적인, 특수한 문제가 있다.

1965년 11월에 세인트 로렌스 강에서 워싱턴에 이르는 북미 대륙 북동부 전체를 암흑 상태로 만들었던 정전은, 당초의 설명에 의하면 실로 예외적인 사건이었다.

또 1960년대 초에 수많은 기형아를 낳게 한 탈리도마이드 사건도 당초의 설명에 의하면 예외적인 사건이었다. 그와 같은 사태가 일어날 확률은 1천만분의 일, 아니 1억분의 일이라고 설명되었다. 그와 같은 복합 장애의 재현은 예를 들어 내가 앉아 있는 의자가 어느 날 갑자기 원자로 분해되는 것과 똑같은 확률이라고 설명되었다.

그러나 정말로 특수한 문제는 극히 적다. 따라서 그러한 일과 맞부딪쳐도 정말 예외적인 것인지, 아니면 아직 알지 못하는 새로운 문제의 최초 발현인지 묻지 않으면 안 된다.

그리고 다음이 네 번째로, 새로운 종류로서 일반적인 문제가 최초의 발현으로 드러나는 경우이다.

오늘날 우리들은 앞에서 말한 미대륙 북동부 정전이나 탈리도마이드 사건이 일반적인 해결책이 발견되지 않는 한, 현재의 전력 기술이나 약학 상황하에서는 몇 번이고 일어날 수 있는 기능 장애가 최초로 발현한 것에 지나지 않음을 알고 있다.

따라서 진실로 특수한 예외적 문제를 빼고 모든 문제는 일반적인 해결책을 필요로 한다. 즉, 원칙, 방침, 정책에 의한 해결을 필요로 하는 것이다. 한 번 타당한 방침을 얻으면 똑같은 일반적인 상황으로부터 발생하는 문제는 모두 실무적으로 처리할 수 있다. 문제의 구체적인 상황에 따라 원칙을 적용해 처리하면 되는 것이다. 물론 특수한 문제는 개별적으로 처리해야 한다. 예외적인 문제를 위해 원칙을 만들 수는 없다.

의사 결정의 성과를 올리기 위해서는 우선 문제가 네 가지 종류 중 어느 것인가를 알아야 한다. 문제의 종류를 잘못 판단하면 잘못된 결정을 내릴 수 있기 때문이다.

압도적인 다수에게서 보이는 잘못은 일반적인 상황을 특수한 문제의 연속으로 바라보는 것이다. 일반적인 상황에 대한 이해가 부족했기 때문에 원칙을 빠뜨리고, 따라서 현상 대응적으로 처리하고 마는 것이다. 그리고 그 결과는 항상 실패와 무성과로 끝난다.

케네디 정부 정책이 국내 정치건 외교건 거의 실패했던 것은 이 때문이다. 우수한 각료가 있었음에도 불구하고 케네디 정권은 쿠바의 미사일 위기 대처밖에 성공하지 못했다. 그 밖의 문제는 거의 어느 것도 성공하지 못했다.

그 주요한 원인은 각료들이 실리주의라고 부르는 것에 있었다. 즉, 원칙이나 방침을 책정하지 않고 모든 문제를 그때그때 원칙 없이 해결하려 했기 때문이다.

게다가 케네디 정권의 각료를 포함해 누구의 눈에도 당시 정책의 기초인 근본적인 전제, 즉 제2차 세계 대전 후의 정책 중 기본적인 전제가 국제적으로도 국내적으로도 점점 비현실적인 것이 되고 있다는 사실이 분명해지고 있었다.

물론 새로운 종류의 문제를 옛날의 문제, 따라서 오래된 원칙을 적용해야 할 문제로 취급해야 할 경우도 있다.

이런 종류의 잘못이 뉴욕과 온타리오주 접경에서 발생한 국지적인 정전 사고를 가속적으로 확대시켜 마침내 북미 대륙 북동부 전체를 뒤덮는 정전 사고로 확대시켰다.

전력 기사, 특히 뉴욕시의 전력 기사들은 일상적인 과부하에 대해서는 정확한 원칙을 적용하고 있었다. 그러나 그 때 이미 계기는 그 때까지의 표준적인 조치가 아닌 새로운 대처가 필요한 사태가 발생했음을 알리고 있었다.

이러한 잘못과는 반대로 케네디 정권의 유일하고 위대한 승리, 즉 쿠바의 미사일 위기에 대한 승리는 케네디 자신이 미사일 위기를 예외적인 도전으로 포착했기 때문에 가능했다. 이 도전에 응함으로써 케네디의 지성과 용기라는 두 가지 자질이 대단히 효과적으로 발휘되었던 것이다.

또한 애초에 문제를 잘못 파악하고 있는 것도 있다. 여기에 그 한 예가 있다.

제2차 대전 후 미군은 우수한 의사의 조기 퇴역 문제로 고민하고 있었다. 많은 조사가 실시되고 많은 해결책이 제안 되었다. 그러나 그러한 조사는 이미 문제는 보수에 있다는 당연한 듯한 전제에 입각해 실시되고 있었다.

그러나 문제의 본질은 군의 전통적인 의료 시스템 자체에 있었다. 그것은 일반의를 대단히 중시하는 체제로 전문의를 중시하는 오늘날의 의료계 실정과는 맞지 않았다. 승진은 전문의를 우대하지 않는 방향으로 나가고 있었다. 모두가 병원의 관리직을 향해 승진하는 구조였다. 연구 활동이나 전문 의료는 출세 코스로부터 벗어나 있었다.

따라서 젊고 유능한 의사는 일반 의사나 책상에 속박된 관리자로서 시간과 기술을 쓸데없이 낭비하고 있었다. 그들은 고도로 전문화된 의료 기술을 닦을 기회와 그것을 이용할 기회를 바라고 있었다.

그러나 오늘날에 이르기까지도 군은 필요한 기본적인 의사 결정을 내리고 있지 않다. 군이 연구 지향의 고도로 전문화된 세계에서는 통용되지 못하는 의사들로 가득한 이류 의료 기관으로 만족할 것인지, 아니면 군의 조직이나 구조와는 근본적으로 다른 방법으로 의료 시스템을 재편성할 것인지의 문제에 대답하고 있지 않다. 군이 이 문제를 중요한 의사 결정에 관련된 문제라고 인식하지 않는 한, 젊은 군의관들이 좌절하고 퇴직하는 오늘날의 상황은 개선되지 않을 것이다.

이와는 다르게 문제의 내용이 충분하게 밝혀지지 않았기 때문에 일어나는 잘못도 있다.

1966년에 미국 자동차 업계가 갑자기 자동차의 안전성에 대해 격렬한 공격을 받게 된 원인은, 또한 자동차 업계가 허를 찔린 원인은 여기에 있다.

자동차 업계가 안전성 문제에 주의를 기울이지 않았다는 비난은 잘못된 것이다. 주의를 기울이지 않기는커녕 안전한 도로 건설이나 안전한 운전에 대단한 힘을 기울이고 있었다. 게다가 사고 대부분이 안전하지 않은 도로나 위험한 운전에 의해 발생하고 있다는 생각은 타당한 것이었다.

사실 고속도로 순찰대부터 일반 학교에 이르기까지 자동차의 안전에 관계하는 모든 기관이 각각 안전 운전에 관해 자동차 업계와 똑같은 목표를 내걸고 있었다. 그리고 성과를 올리고 있었다. 안전성을 고려한 도로에서 사고는 많지 않았다. 안전 교육을 받은 운전자는 사고가 적었다.

하지만 확실히 자동차 1,000대당, 또는 운전 거리 1,000마일당 사고율은 감소하고 있음에도 불구하고 사고 건수 자체는 늘어나 사고의 비참함이 점점 크게 부각되고 있었다.

상습적인 만취 운전자 등, 비율로 따지면 극히 적은 수에 불과한 운전자가 전 사고 중 3/4에 가까운 원인이 되고 있었다. 그들 5% 정도의 상습 사고자는 안전 교육을 받지 않거나 안전한 도로에서 사고를 일으키고 있었다. 따라서 교통 법규나 안전 교육에도 불구하고 발생하는 이러한 사고에 대처하기 위해 무엇인가 하지 않으면 안 된다는 것은 훨씬 이전부터 있어 온 생각이었다.

바꿔 말해서 도로 안전성 확보나 안전 운동의 전개와 함께 사고 그 자체의 위험성을 감소시키기 위한 자동차 설계가 필요했다. 정확하게 운전하면 안전하게끔 설계했던 것이, 정확하게 운전하지 않아도 안전하게끔 설계해야 한다는 것이었다. 그러나 자동차 업계는 이러한 사실에 그다지 신경쓰지 않고 있었다.

이 예는 불충분한 이해가 종종 완전히 잘못된 이해보다도 위험하다는 것을 암시하고 있다.

자동차 메이커뿐만 아니라 주 고속 도로 당국이나 자동차 클럽, 보험 회사 등 안전 운동 관계자는 모두 사고 가능성이 존재하는 것을 인정하는 것은 위험한 운전의 조장은 아니라 해도, 자신들이 위험성을 인지하는 것처럼 오해받는다고 느끼고 있었다. 그것은 마치 우리 할머니 시대 사람들이 성병을 치료하는 의사는 부도덕을 조장한다고 생각하고 있던 것과 비슷하다.

불안전성에 관한 가정을 위험한 생각이라 여기고, 그 결과 그것을 고치기 어렵게 만드는 것은 현실과 정신을 혼동하는 인간들의 공통된 성향이다.

따라서 항상 문제는 일반적이다라는 전제에 서지 않으면 안 된다. 주의를 끄는 문제는 실제로 하나의 증상에 지나지 않는 것이다. 그러므로 본질적인 문제를 찾아야만 한다. 단지 증상만의 조치로 만족해서는 안 된다.

그리고 만약 만에 하나 문제가 정말로 특수한 것으로 밝혀지는 경우, 그것이 새로운 기본적인 문제의 전조는 아닌지, 그리고 그 특수하게 보이는 문제도 결국은 새로운 일반적인 문제의 제1호가 되는 것은 아닌지 의심해 보아야 한다. 이것이 문제를 높은 수준에서 해결해야 하는 이유이다.

지금부터 수년간 가장 비싸고 가장 간단하게 팔리는 증권을 발행함으로써 당면한 자본상의 문제를 해결하려 해서는 안 된다. 만일 앞으로도 쭉 자본 시장의 필요성을 인정한다면 새로운 종류의 투자가를 끌어들여야 한다. 그리고 아직은 존재하지 않지만 머지않아 다가올 대중 자본 시장에 적합한 증권을 생각해 내야 할 것이다.

또 힘은 있지만 규율이 없는 사업부 '족장'들을 서로 협력시키기 위해서는 손에 넣을 수 없는 자는 그만두게 하고 나머지 사람은 매수하는 식의 수법을 사용해서는 안 된다. 오히려 조직 구조를 위한 새로운 이념을 생각해 내는 것이 필요하다.

또한 자신의 기업을 독점체로 본다면 사회주의를 공격하는 데 만족해서는 안 된다. 무책임한 민간 독점 기업이 되지 않기 위해, 그리고 똑같이 무책임하고 기본적으로 복제 불가능한 정부 독점체가 되지 않기 위한 제3의 길로써 공적인 규제 기관을 육성해야 한다.

임시 조치가 오랫동안 생명을 연장해 간다는 것은 정치적, 사회적으로 엄연한 사실이다. 영국의 술집 영업 시간 규제, 프랑스의 집세 규제, 워싱턴의 임시 정부 청사는 모두 몇 개월 동안의 임시 조치로서 제1차 세계 대전의 실정에 맞게 출발했다. 그러나 그 모두가 50년을 넘어서까지 존속하고 있다.

성과를 올리는 경영자는 이 사실을 잘 알고 있다. 물론 즉석에서 조치를 취해야 할 것도 있을 것이다. 그러나 그 같은 조치를 취할 때는, 만약 그것이 장기적인 조치로 존속한다 해도 그렇게 조치할 것인지 스스로 자문해 보아야 한다.

만약 대답이 '아니오'라면 보다 일반적이고 보다 개념적인, 보다 포괄적인 문제 해결을 해야 한다. 즉, 옳은 방침을 정하고 또한 노력해야 한다.

따라서 성과를 올리는 경영자는 많은 의사 결정을 내리지 않는다.

그러나 그것은 그가 하나의 의사 결정에 너무 많은 시간을 들이기 때문은 아니다. 오히려 기본 방침에 관한 의사 결정은 증상이나 방침에 관련된 의사 결정보다도 시간은 필요로 하지 않는다. 많은 의사 결정을 내릴 필요가 없어지기 때문이다.

성과를 올리는 경영자는 원칙이나 방침에 의해 일반적인 상황을 해결해 간다. 그 때문에 그는 대부분의 문제를 단순한 케이스의 하나로서, 즉 단순한 원칙의 적용 문제로서 해결해 나갈 수 있다.

'법률이 많은 나라는 무능한 법률가의 나라다'라는 오래된 법률상의 격언이 있다 그런 나라에서는 모든 문제를 법의 일반 원칙하의 개별 문제가 아닌 특수한 문제로써 해결하려고 한다. 마찬가지로 많은 의사 결정을 내리는 경영자는 태만하고 성과를 올릴 수 없는 경영자이다.

물론 의사 결정을 내리는 사람은 항상 비정형적인 일이나 이상한 일이 일어나고 있지 않은지를 조사해 보아야 한다. 그러므로 관찰할 수 있는 현상이 제대로 설명될 수 있는지, 모두 설명되고 있는지를 물어 보아야 한다. 해결책이 요구되는 것, 예를 들면 자동차 사고 감소에 관해 써 놓고 정말로 그것이 실현될 수 있는지를 정기적으로 확인해야 하는 것이다.

그리고 끝으로 비정형적인 것, 설명할 수 없는 것, 사소하지만 생각할 수 없는 일이 일어나고 있을 때는 다시 처음으로 돌아가 문제를 검토해야 한다.

지금까지 서술한 모든 것은 2,000년도 더 전에 히포크라테스가 의료 진단을 위해 원칙으로 정한 핵심이다. 그리고 과학적 관찰을 위한 원칙으로 아리스토텔레스가 정식화하고 다시 300년 전에 갈릴레오가 확인했던 것이다. 모두 오래 전부터 잘 알려져 있고 시간의 시험을 거친 원칙들이다. 또한 우리들이 배울 수 있고 체계적으로 이용할 수 있는 원칙이다.

2. 의사 결정이 충족시켜야 할 요건을 명확하게 하는 것이다. '그 의사 결정의 목적은 무엇인가', '달성해야 할 최저한의 목표는 무엇인가', '만족시켜야 할 요건은 무엇인가'를 명백하게 하는 것이다.

과학세계에서 이것은 '경계 조건'이라고 알려져 있다. 의사 결정이 성과를 올리기 위해서는 이 '경계 조건'을 만족시켜야 한다. 즉, 의사 결정은 목적에 알맞게 내려야 된다.

경계 조건을 간결하고 명확하게 할수록 의사 결정은 성과를 올리게 되고 그 목적을 달성할 가능성은 높아진다. 거꾸로 아무리 탁월한 의사 결정인 것 같아도 경계 조건을 명확히 하지 않으면 성과를 올릴 수 없다. 경계 조건은 보통 어떤 문제를 해결하기 위해 필요한 최저한의 것이 무엇인지를 물음으로써 분명해질 수 있다.

1922년 GM의 최고 경영자였던 슬론도 아마 사업부 책임자로부터 권한을 뺏음으로써 필요한 조건을 만족시킬 수 있는지를 자문해 보았을 것이다. 그의 답은 명확히 '아니오'였다. 그가 가진 문제의 경계 조건은 사업부 책임자들이 권한과 책임을 갖기를 요구했다. 이것은 기업의 통일성이나 중앙 통제와 똑같이 필요한 것이었다.

　슬론의 경계 조건은 개개 인간 관계의 문제가 아닌, 조직 구조의 문제로서 과제를 해결하는 것이었다. 그리고 이 필요에 대응했기 때문에 슬론의 해결책은 지속될 수 있었다.

　알맞은 경계 조건을 발견하기는 쉽지 않다. 그리고 지적인 사람들은 경계 조건을 반드시 일치시키지 않는다.

　그 대정전에도 불구하고 다음날 아침 한 뉴욕 신문은 다행히 조간을 발행할 수 있었다. 그것은 바로 『뉴욕 타임즈』였다. 이 신문은 정전이 일어나자마자 즉시 허드슨 강 맞은편에 있는 뉴저지 주 뉴워크 지방 석간지 『뉴워크 이브닝 뉴스』 공장에 인쇄를 맡겼다. 그런데 최고 경영자가 100만 부를 인쇄하라고 지시했음에도 불구하고 실제로는 그 반 이하밖에 인쇄할 수 없었다.

　널리 알려진 이야기에 의하면, 인쇄에 들어가기 직전에 편집장과 세 명의 데스크 사이에서 하이픈의 사용 방법에 대해 의견이 엇갈려 그것을 결정하느라 48분이 걸렸다고 한다. 그것은 인쇄 시간의 거의 반에 해당하는 시간이었다. 그 때 편집장은 『뉴욕 타임즈』가 미국 영어의 표준이기 때문에 문법상의 오류는 허용될 수 없다고 생각했다고 한다.

　이 이야기가 진짜인지는 알 수 없다. 하지만 최고 경영자가 어떻게 생각했는지는 흥미 있는 대목이다. 편집장의 본분과 목표로부터 본다면 그것이 옳은 행동이었음은 의심할 여지가 없다. 그가 내린 의사 결정의 경계 조건은 분명히 판매 부수는 아니다. 그것은 미국 영어에서 문법의 대가로서 『뉴욕 타임즈』의 무오류성을 지켜 나가는 것이었다.

옳은 경계 조건을 충족시키지 못하는 결정은 부적절하고 성과를 올릴 수 없다. 그와 같은 의사 결정은 잘못된 경계 조건을 만족시키는 의사 결정보다 훨씬 더 나쁠지 모른다.

물론 제대로 경계 조건을 만족시키지 못하는 의사 결정도, 잘못된 경계 조건을 만족시키는 의사 결정도 틀린 것이다. 그러나 잘못된 경계 조건을 만족시키는 의사 결정이라면 구제할 수 있다. 하여튼 어느 정도 성과는 올릴 수 있기 때문이다.

그러나 만족시켜야 할 조건을 만족시킬 수 없는 의사 결정은 새로운 문제를 발생시킬 뿐이다. 한 번 내린 의사 결정을 언제 폐기할 것인가를 알기 위해서도 경계 조건을 명확하게 해 둘 필요가 있다.

여기서 두 개의 유명한 사례를 들어 보자. 하나는 경계 조건이 혼란스러웠던 예이고, 다른 하나는 경계 조건을 명확히 했기 때문에 유효하지 않은 의사 결정 대신에 보다 더 적절한 새로운 정책을 도입할 수 있었던 예이다.

사례 1 제1차 세계 대전 당시 독일 참모 본부의 유명한 '슈리펜 계획'이다. 이 계획은 독일 군대가 두 개의 전선에서 전쟁을 수행하기 위한 전략이었다. 즉, 약한 러시아에 대해서는 소수의 병력만으로 대항하고, 강적 프랑스에 대해서는 단기간에 치명적인 타격을 주기 위한 대군을 집중적으로 투입해 승리하고, 그 후에 러시아를 해치운다는 전략이었다.

이것은 물론 전쟁 발발로부터 프랑스에 대해 결정적으로 승리하기까지의 기간 동안 러시아군이 독일 영내로 침입하는 것을 허용할 수밖에 없었다. 그러나 1914년 8월, 러시아군의 진공 속도가 과소평가되었음이 분명해졌다. 러시아군의 침입을 받은 프러시아 동부 융커들의 도움을 청하는 목소리가 계속 커졌다.

슐리펜 원수의 경계 조건은 명확했다. 그러나 그 뒤를 이은 사람들은 의사 결정을 내리거나 전략을 세우는 사람이 아닌, 전술적인 전문가에 지나지 않았다. 그들은 '슐리펜 계획'의 기본 즉, 군사력의 소규모 출전에 의해 소모전은 피해야 한다는 경계 조건을 보지 못했다.

전략 그 자체를 변경했어야 했다. 그러나 그들은 전략을 그대로 유지하려고 했고, 이런 행동은 전략 실현을 불가능하게 하고 말았다. 서부 전선에서 병력을 빼냄으로써 최초의 대 프랑스 전격 작전 승리를 허사로 만들었고, 동부 전선에서는 병력을 충분하게 보강하지 못해 러시아군을 격파할 수 없었다.

이렇게 해서 그들은 '슐리펜 계획'이 피하려고 했던 사태 즉, 전략이 아닌 병력의 우열이 승패를 결정하는, 소모전이라는 막다른 상태에 빠지고 말았다. 그리고 그 이후는 전략이 아닌 혼란스러운 응급 처치와 격렬한 언쟁과 기적에의 기대만이 있을 뿐이었다.

사례 2   1933년 대통령에 취임한 프랭클린 D. 루스벨트가 했던 행동이다. 그는 선거 운동 중 경기 회복을 위한 경제 정책을 검토하고 있었다. 1933년 당시의 경기 회복책은 물론 보수적인 재정 정책과 균형 예산이 중심이었다. 그러나 취임식 직전의 뱅크 홀리데이(일요일 이외의 은행 휴업일)에 경제가 붕괴했다.

루스벨트가 예정하고 있던 경제 정책은 경제적으로는 가능했을지 모른다. 그러나 정치적으로 환자가 살아남을 수 없다는 것이 분명해졌다. 그래서 그는 즉시 경제적인 목표를 정치적인 목표로 바꾸었다. 회복에서 개혁으로 방향을 선회한 것이다.

새로운 경계 조건은 정치적인 역학이었다. 이는 자동적으로 경제 정책을 보수에서 혁신으로 완전히 변화시켜야 함을 의미했다. 경계 조건이 변화한 것이다.

루스벨트는 성과를 올리기 위해서는 기존의 정책이라도 폐기해야 한다는 사실을 거의 직관적으로 알아낸 훌륭한 의사 결정자였다.

또한 경계 조건의 명확한 이해는 가장 위험한 의사 결정, 즉 만에 하나 상황이 나쁜 경우가 생기지 않으면 잘 수행될지 모르는 의사 결정을 식별하기 위해서도 필요하다. 이런 종류의 의사 결정은 항상 그럴 듯해 보이기도 한다. 그러나 의사 결정이 만족시켜야 할 경계 조건을 자세하게 검토하면 항상 모순이 발견된다.

그러한 의사 결정의 성공 가능성이 아예 없는 것은 아니다. 그러나 그 전망은 극히 희박하다. 기적이 곤란한 점은 드물게밖에 일어나지 않기 때문만은 아니다. 예측할 수 없기 때문이다.

그 전형적인 예는 케네디가 1961년에 내린 피그만 침공 의사 결정이다. 만족시켜야 할 환경 조건의 하나는 카스트로를 타도하는 것이었다. 그러나 동시에 또 하나 만족시켜야 할 환경 조건이 있었다. 미군이 다른 공화국에 내정 간섭을 하는 듯이 보여서는 안 되는 것이었다.

여기서 제2의 경계 조건은 너무도 우스운 것이어서 그 침공을 쿠바 사람들의 자발적인 봉기로 믿는 사람은 세상에서 누구 한 사람 없을 거라는 사실은 일단 제쳐 둔다. 어쨌든 당시 정책 당국은 불개입 원칙을 환경 조건으로 삼았다.

그러나 이 카스트로 타도와 쿠바인 봉기라는 그럴 듯하게 보이는 두 개의 환경 조건은, 쿠바인 게릴라의 피그만 상륙 후 즉시 쿠바 전 섬에 걸쳐 '타도 카스트로'의 무장 봉기가 일어나고, 또한 그것이 쿠바군을 마비 상태에 빠뜨렸을 때만 동시에 성립할 수 있는 것이었다.

그와 같은 사태는 불가능하지는 않아도 경찰 국가에서 도저히 일어날 수 없었다. 이와 같은 계획은 폐기해야 되는가. 폐기할 수 없다면 미군에 의한 전면 지원이라는 계획으로 변경해야 하는가. 어느 쪽인가 결정해야 했다.

이 오류는 케네디 자신이 말하고 있듯이 전문가 때문이 아니었다. 사실 오류의 원인은 의사 결정이 충족시켜야 할 환경 조건을 충분하게 검토하고 있지 않았다는 것, 그리고 기본적으로 양립할 수 없는 두 가지의 환경 조건을 동시에 만족시키려는 의사 결정은 기적을 바랄 수밖에 없다는 사실을 인정하지 않았다는 점에 있었다.

그러나 의사 결정 과정에서 사실에 기초해 환경 조건이 명확한 경우는 거의 없다. 그것은 사실의 해석에 기초한다. 즉, 결정은 위험을 수반한 판단이다.

누구나 잘못된 의사 결정을 내리기 쉽다. 사실 어떤 사람도 때로는 틀린 의사 결정을 내린다. 그러나 분명하게 말해 환경 조건을 만족시키지 못하는 의사 결정은 내릴 필요가 없다.

3. 의사 결정은 무엇이 옳은가로부터 출발해야 한다. 머지않아 타협이 필요하게 된다는 이유 때문에 처음부터 누가 맞는가, 어떤 것이 받아들여지기 쉬운가라는 관점에서 출발해서는 안 된다.

애초에 충족시켜야 할 환경 조건을 위해 무엇이 타당한지를 알지 못하면 옳은 타협과 잘못된 타협을 구분하기 어렵다. 그 결과 잘못된 타협을 하고 만다.

나는 1944년 첫 번째 대규모 컨설턴트 업무로서 G.M의 경영 조직과 경영 방침에 관한 조사에 손을 댔다가 이 점을 처음으로 배우게 되었다.

회장 겸 CEO였던 알프레드 P. 슬론 2세는 나를 불러 이렇게 말했다.

"무엇을 조사하고 무엇을 쓰고 어떤 결론을 내릴 것인지는 전부 당신에게 맡기고 싶습니다. 당신의 임무이기 때문이지요. 그러나 옳다고 생각되는 것은 그대로 써 주었으면 합니다. 반응은 고려하지 않아도 좋아요. 마음에 들 것인가 들지 않을 것인가도 신경쓰지 않아도 좋습니다. 그리고 무엇보다도, 당신의 조언이 받아들여지기 쉽도록 타협할 생각은 하지 않았으면 합니다. 당신의 도움이 없으면 타협할 수 없는 경영자는 이 회사에 한 사람도 없으니까요. 그러나 무엇이 옳은지를 처음에 가르쳐 주지 않는다면 올바른 타협도 불가능해지고 맙니다."

의사 결정을 내려야 할 때, 모든 사람은 이 말을 다시 한 번 생각해 보아야 할 것이다.

케네디는 이 교훈을 피그만 침공 실패로부터 배웠다. 그로부터 2년 후에 일어난 쿠바의 미사일 위기에서의 승리는 그 교훈 덕분이다. 그는 의사 결정이 충족시켜야 할 환경 조건에 대해 충분하게 검토해야 한다고 주장했다. 그 결과 그는 어떤 타협을 받아들여야 하는지(공중 정찰에 의해 지상 정찰이 불필요함을 안 후에 지상 정찰 요구를 암암리에 물리친

것), 어떤 타협을 받아들이게 해야 하는지(미사일을 철거하고 소련으로 되돌려 보내는 것)를 알 수 있었다.

　타협에는 두 가지 종류가 있다. 하나는 오래된 속담인 '반 쪼가리 빵이라도 없는 것보다는 낫다'이고 또 하나는 솔로몬의 재판에서 '반 쪽 아기는 없는 것보다 나쁘다'라는 인식에 근거한 것이다.

　전자에서 반 정도는 환경 조건을 만족시킨다. 빵의 목적은 식용이고 반 쪽의 빵은 식용으로 될 수 있다. 그러나 반 조각의 어린이는 환경 조건을 만족시킬 수 없다. 반 쪽의 아기는 목숨이 붙어 있는 어린이의 반이 아니다. 두 개로 나뉜 시신에 지나지 않는다.

　무엇을 받아들이기 쉬운지, 또 반대를 초래하기 때문에 무엇을 말하지 않아야 하는지 우려하는 것은 무익하고 시간 낭비이다. 우려했던 사태는 결코 일어나지 않고, 예상하지 않았던 곤란이나 어려움이 돌연 거의 대처하기 어려운 장애가 되어 나타난다.

　바꿔 말해서 무엇이 받아들여지기 쉬운가라는 질문에서 출발해도 결국 아무 것도 얻을 수 없다는 이야기다. 아니 이 질문에 대답하는 과정에서 중요한 것을 희생시키고, 옳은 답은 물론 성과와 연결될 수 있는 답조차 얻을 전망이 없어진다.

4. 의사 결정을 행동으로 전환시키는 것이 의사 결정 과정에서의 네번째 요소이다.

　의사 결정에서 가장 곤란한 과정이 환경 조건을 검토하는 단계임에 반해 가장 시간이 많이 걸리는 과정이 의사 결정을 행동에 옮기는 단계이다.

그런데 의사 결정은 최초 단계부터 행동으로 이행할 것을 그 과정 속에 집어넣지 않으면 성과를 올리기 힘들다.

의사 결정의 실시가 구체적인 수순으로 누군가 특정한 사람의 업무와 책임이 되기까지 모든 의사 결정은 완료되지 않은 것이다. 그 단계까지는 단순히 좋은 의도일 뿐이다.

그것은 특히 기업의 경영 방침에서 자주 보이는 문제이다. 즉, 그런 경영 방침 내부에는 구체적인 행동을 위한 조치가 아무 것도 들어 있지 않는 경우가 많다. 그 실시는 누구의 업무에도 없고 누구의 책임도 아니다. 그 때문에 조직 내부의 인간은 그런 경영 방침을 최고 경영자가 전혀 이행할 마음이 없는 제목뿐인 계획으로 받아들이지는 않더라도 지극히 냉소적인 눈으로 볼 뿐이다.

의사 결정을 행동으로 옮기는 과정에서는 '누가 이 의사 결정을 알아야 하는가', '어떤 행동이 필요한가', '누가 행동을 할 것인가', '행동해야 할 인간이 행동할 수 있기 위해서 그 행동은 어떤 것이 되어야 하는가'를 물어야 한다.

그러나 그 중 특히 처음과 마지막 물음은 자칫 잊어버리기 쉽다. 그리고 그 때문에 혹독한 결과를 맛볼 수도 있다.

OR 전문가 사이에서 유명한 이야기는 '누가 결정을 알아야 하는가' 라는 물음의 중요함을 가르쳐 준다.

한 거대 산업용 기기 메이커가 아직 사용자의 생산 라인에서 사용되고 있던 어떤 표준적인 기계의 생산 중지를 결정했다. 다만 3년간만 생산 라인의 일부 갱신용으로 그 기계를 생산 판매하기로 했다. 그런데 생산 중지 결정 후, 그 때까지 계속 감소하고 있던 사용자로부터의 주문이 쇄도했다.

하지만 '누가 결정을 알아야 하는가'라는 질문을 누구도 던지지 않았다. 그 때문에 이 메이커 구매 부문의 부품 구입 담당자에게는 이 결정이 알려지지 않았다. 그 기계의 매출에 대해 일정 비율로 구입해야 하는 부품이 담당자에게 지시되어 있었고, 그 지시도 변경되지 않았다.

이렇게 해서 드디어 그 기계의 생산이 중지되었을 때 창고에는 그 기계를 8년 내지 10년간은 생산할 수 있는 부품이 쌓여 있었다. 그런 부품은 막대한 손실을 보면서 처분해야 했다.

의사 결정을 실천에 옮기기 위한 행동은 그 행동을 취할 사람의 능력에 맞아야 한다

어떤 화장품 메이커 해외 법인이 서아프리카 두 나라에서 각각 본국으로의 송금을 금지당했다. 그래서 이 회사는 현지 법인이 보유한 자금 가치를 지키기 위해, 또 그 자금을 현지 경제에 공헌하면서 동시

에 원재료를 수입할 필요가 없다는 이유로 현지 사업에 투자하기로 했다. 또한 사업에 성공해 본국 송금이 허용될 때는 현지 투자가에게 매각할 수 있는 부분에 투자하기로 결정했다.

그래서 이 회사는 양국의 주요 수출품이 농산물임에 착안해, 서유럽으로 수송 도중 상당량이 상해 버리는 문제를 안고 있던 과일의 부패를 방지할 수 있는 간단한 화학 처리법을 개발했다. 이 사업은 두 나라에서 모두 성공을 거두었다.

그런데 한 나라에서는 서아프리카에 없는 기술 관리자가 사업을 운영했다. 이에 반해 다른 한 나라에서는 사업을 운영하고 싶어하는 현지인의 능력을 생각해, 화학 처리 방법이나 사업을 아주 간단하게 만들어 모든 수준의 사업을 현지 사람에게 맡겼다.

수년 후 양국 정부 모두 본국으로의 송금을 허가해 주었다. 그러나 한쪽 나라에서는 사업이 성공했음에도 불구하고 그 업체를 사려는 사람이 나타나지 않았다. 현지인에게는 사업 관리나 기술 능력이 없었다. 그 때문에 사업을 정리할 때 이 회사는 큰 손실을 입어야 했다. 이에 반해 다른 나라에서는 많은 현지 기업가들이 사업 인수를 원했기 때문에 상당한 이익을 남겨 본국 송금이 가능했다.

진행 과정이나 사업 운영은 기본적으로 두 나라 모두 동일했다. 그러나 실패한 나라에서는 누구도 '이 의사 결정을 집행할 만한 사람으로 어떤 사람이 있는가', '그들은 무엇이 가능한가'라는 질문을 던지지 않았다. 그 결과 의사 결정 자체가 실패하고 말았다.

의사 결정을 실행에 옮기고 성과를 올리기 위해서는 관계자가 행동이나 습관, 태도를 바꾸는 일이 필요하다. 행동을 위한 책임이 명확해지고 책임이 주어진 사람이 필요한 행동을 취할 수 있는 능력을 가진 것만으로는 충분하지 않다. 평가 기준이나 업무 수준, 동기를 바꾸어야 하는 것이다. 그렇지 않으면 그들은 심리적인 갈등에 의해 행동할 수 없게 된다.

벨의 사업은 서비스라는 배일의 의사 결정도 서비스에 대한 사업 평가를 뺀다면 의미 없는 말로 끝나고 말았을 것이다. 그때까지 벨의 경영 관리자는 자기 부문의 이익률 또는 적어도 비용에 의해 업적을 평가받고 있었다. 그러나 배일이 정한 이 기준 때문에 그들은 새로운 목표를 빠르게 받아들이게 되었다.

이와 대조적으로 한 유서 깊은 대기업의 탁월한 CEO 겸 회장은 조직 구조와 기업 목표를 바꾸고 싶어했지만 어떤 성과도 올리지 못하고 실패했다. 누구나 그러한 개혁의 필요성을 인정하고 있었다. 오랜 기간 업계에서 리더적인 역할을 하고 있었던 그 회사는 노화 현상을 보이기 시작했다. 대부분의 사업에서 경쟁 상대로 등장한 공격적인 중소 기업에 밀리기 시작하고 있었던 것이다.

그러나 그 회장은 새로운 조직 구조 가운데 눈에 띄는 포스트, 특히 신설한 세 개의 부사장 자리에 보수파의 대표적인 사람들을 임명했다.

그것은 사내 사람들에게 '정말로 개혁할 마음이 있는 것인가'라는 의문이 들게 하기에 충분했다.

새로운 방침과 정반대의 행동이 보상을 받는다면, 모두가 그 반대의 행동이 최고 경영자가 정말로 바라고 보상을 주는 행동이라고 받아들인다.

모든 사람이 벨과 똑같이 행동하거나 의사 결정 실행을 의사 결정안에 넣을 수는 없다. 그러나 어떤 사람이나 의사 결정 실시에 필요한 행동이 무엇이고 최선을 다해야 할 업무는 무엇이며, 그 실시에 적합한 사람은 누구인지를 생각할 수는 있다.

5. 의사 결정의 기초인 가정을 현실에 비추어 계속 검증해 가기 위해, 의사 결정 자체에 피드백 조치를 강구해 놓지 않으면 안 된다.

의사 결정을 내리는 것은 인간이다. 그러나 인간은 실수를 저지른다. 최선을 다한다고 해도 언제나 최고의 의사 결정을 내리는 것은 아니다. 최선의 의사 결정일지라도 잘못될 가능성은 크다. 그리고 가장 큰 성과를 올리는 의사 결정도 오래지 않아 진부하게 되어 버린다.

이것은 앞에서 살펴본 배일이나 슬론의 사례에서도 증명된다. 그들 두 사람의 창조력이나 결단력에도 불구하고, 두 사람의 의사 결정 중 오늘날까지 유효하고 당시와 똑같은 형태로 남아 있는 것은 '벨의 사업은 서비스'라는 배일의 결정 뿐이다.

예를 들어 ATT 보통주의 성격은 1950년대 중산 계급의 자금을 모은

연금 기금이나 투자 신탁이 기관 투자가로 등장함과 동시에 크게 변화하지 않으면 안 되었다.

또한 분명히 벨 연구소는 오늘날에도 강력한 지위를 유지하고 있다. 그러나 우주 관련 기술이나 레이저 기술로 대표되는 과학 기술의 급속한 발전 때문에, 오늘날 아무리 벨이 대기업이라 해도 스스로가 필요로 하는 과학 기술 정보를 전부 자체 개발하는 것은 불가능해졌다.

동시에 과학 기술 발전으로 ATT 역사상 처음으로 전화 이외의 통신수단이 전화의 심각한 경쟁 상대가 될 가능성이 높아지고 있다. 이제 정보나 데이터 통신 세계에서는 어떤 통신 매체도 과거 벨 사의 전화가 원거리간 통신에서 차지하고 있던 독점적인 지위나 지배적인 지위를 단독으로 유지할 수 없게 되었다.

또 공적 규제가 전기 통신 사업의 민영 유지를 위해 필요하다고 하지만, 배일이 그렇게 힘을 기울였던 주 당국에 의한 규제는 통신의 국민 경제적, 국제적인 확장이라는 현실 앞에서 부적절하게 되고 있다.

게다가 오늘날 연방 정부가 불가피하고 타당한 것으로 여겨 부과하고 있는 규제조차 벨이 실현한 것은 아니다. 차라리 벨은 그렇게 배일이 회피하려고 했던 지연 전술에 따라 규제의 실현에 저항하고 있다.

슬론이 실시한 GM의 분권화는 현재에도 유지되고 있다. 그러나 이것도 가까운 장래에 재검토되어야 한다는 것이 분명해지고 있다. 슬론의 원리는 너무도 자주 변경되고 개정되어 왔다. 그래서 원래의 조직 원리가 무엇이었는지 알 수 없을 정도로 애매해졌다.

사실 각각 독립된 존재였던 사업부도 오늘날에는 자동차의 제조나 조립에서 완전하게 자유롭게 움직일 수는 없다. 그 때문에 성과에 대해 책임을 지는 체제로도 되어 있지 않다. 게다가 시보레에서 캐딜락에 이르는 각 사업부 제품은 슬론이 최초에 생각했던 가격대를 대표하지 않고 있다.

그리고 슬론이 설계했던 것은 미국 기업이라는 점도 간과할 수 없다. 그 후 많은 해외 자회사를 손에 넣었지만 GM의 조직이나 경영 구조는 어디까지나 미국 기업의 그것이었다. 그러나 오늘날 GM은 분명히 다국적 기업이다. 그 커다란 성장 기반과 주요한 기회는 미국 국외, 특히 유럽이다. 지금 GM은 다국적 기업으로서의 원리나 조직을 찾아야만 비로소 살아남아 번영할 수 있을 것이다.

GM은 슬론이 1922년에 수행한 업무를 다시 한 번 하지 않으면 안 된다. 특히 다시 불황에 직면하면서 그러한 업무는 절박한 문제가 되어 버렸다. 게다가 충분히 변혁을 이룩하려 했을 때, 슬론이 설계한 구상은 GM의 성공에 거추장스러운 장애물이 되어 버렸다.

아이젠하워 장군이 대통령에 당선되었을 때, 전임자였던 해리 S. 트루먼은 "불쌍한 아이크…… 장군 시절에는 명령만 내리면 무엇이든 실행되지. 그러나 앞으로 이 커다란 사무실에서는 명령해도 되는 일이 아무 것도 없을 것이네."라고 말했다고 한다.

그러나 어떤 일도 일어나지 않는 것은 대통령보다 장군이 권력을 더 많이 갖고 있기 때문은 아니다. 그것은 군이 훨씬 이전부터 명령이라는 것은 거의 결과가 나오지 않는 운명임을 알아, 명령의 실행을 확인하기 위한 피드백을 조직화해 놓았기 때문이다.

군은 옛날부터 누구나 스스로 나가서 자신의 눈으로 보는 것이 유일하게 신뢰할 수 있는 피드백이라는 사실을 알고 있었다. 대통령이 손에 넣을 수 있는 유일한 정보원인 보고서는 보통 별로 도움이 되지 않는다. 이에 반해 모든 국가의 군대에서 명령을 내린 장교는 스스로 나가서 그 실행을 자신의 눈으로 보고 확인하지 않으면 안 된다는 것을 알고 있다. 적어도 그들은 부관을 파견한다. 자신이 명령을 내린 부하로부터의 보고는 결코 신뢰할 수 없다. 부하를 믿지 않아서가 아니다. 커뮤니케이션을 믿어서는 안 된다는 것을 알고 있기 때문이다.

대대장 스스로가 부대 식당에 나가서 병사용 식사를 시식함으로써 확인하는 것도 이 때문이다. 물론 메뉴를 보고 식당을 운영할 수도 있다. 그러나 그렇게는 하지 않는다. 스스로 병사용 식당에 나가 병사들과 똑같이 식사를 해 본다.

컴퓨터의 등장과 함께 이 점은 점점 더 중요해지고 있다. 의사 결정을 내리는 사람은 현장으로부터 훨씬 멀리 떨어지고 있기 때문이다. 그들은 스스로 나가서 자신의 눈으로 행동 현장을 보는 것을 당연하게 여기지 않는 한, 점점 현실로부터 유리되어 갈 것이다.

컴퓨터가 취급할 수 있는 것은 추상적인 항목이다. 추상적인 것이 신뢰받을 수 있는 경우는 그것이 구체적인 현실에 의해 확인될 때뿐이다. 이 확인이 없으면 추상은 사람을 잘못된 방향으로 몰고 간다. 스스로 나가 보고 자신의 눈으로 확인하는 것은 의사 결정의 전제가 유효한지, 아니면 그것이 진부해져 의사 결정 자체를 재검토할 필요가 있는지 알기 위한 단 하나의 가장 확실한 방법이다.

우리들은 의사 결정의 전제가 늦건 빠르건 곧 진부해진다는 사실을 알아야만 한다. 현실은 오랜 기간 변화 없이 머물러 있지 않는다. 스스로 나가서 확인하는 일을 게을리한다면 훨씬 이전에 적절하지도 합리적이지도 않은 행동에 집착하게 된다. 이것은 기업 경영상의 의사 결정에도 또 정부 정책에 있어서도 적용할 수 있다.

전후의 유럽 정치에서 스탈린의 실패나 드골의 지배하에 있던 유럽 현실에 대한 미국의 무력함, 또 유럽 공동 시장에 대한 영국의 대응 지체의 주요한 원인도 여기에 있다.

우리들은 피드백을 위해 조직적으로 정보를 수집할 필요가 있다. 보고나 숫자도 필요하다. 그러나 현실에 직접 접촉하는 것을 중심에 놓고 피드백을 수행하지 않는 한, 즉 스스로 나가서 확인하는 것을 자신에게 부과하지 않는 한, 무의미한 독단으로부터 피하지 못하고 성과를 올릴 수도 없을 것이다.

이것은 의사 결정 과정에서 중요한 요소이다. 이제 의사 결정 그 자체에 관해 보기로 하자.

7

성과를 올리는
의사 결정이란

의사 결정은 판단이다. 그것은 여러 대안 가운데서 하는 선택이다. 그러나 의사 결정에서 옳은 것과 틀린 것의 선택은 거의 없다. 고작해야 거의 옳은 것과 아마도 틀린 것 중 하나이다. 이보다 훨씬 더 많은 경우에 한 쪽이 다른 쪽보다 더 맞다고도 말할 수 없는 두 가지 행동 중에서 선택해야 한다.

의사 결정에 관한 대부분의 책에서는 '우선 사실을 찾으라'고 말한다. 그러나 의사 결정을 내리는 경영자는 사실로부터 출발할 수 없다는 것을 알고 있다. 누구나 자신의 의견으로부터 출발한다. 그러나 의견은 검증되지 않은 가설에 불과하다. 따라서 당면한 현실에 대한 검증을 해야 한다.

무엇이 사실인지를 확증하기 위해서는 우선 유의미성의 기준, 특히 평가 기준에 관한 결정이 필요하다. 이것이 성과를 올리는 의사 결정의 요강이고 보통 가장 판단이 엇갈리는 부분이기도 하다.

또 성과를 올리는 의사 결정은 의사 결정에 관한 대부분의 문헌에서 말하고 있는 것처럼 사실에 관한 합의에서 비롯되지 않는다. 옳은 의사 결정은 공통의 이해와 의견의 충돌과 대립, 그리고 경쟁하는 복수의 선택안에 대한 진지한 검토로부터 나온다.

최초의 사실을 파악하는 것은 불가능하다. 유의미성이라는 기준이 없다면 사실도 있을 수 없다. 사건 그 자체는 사실이 아니다.

물리학에서 물질의 맛은 사실이 아니다. 또한 꽤 최근까지 물체의 색도 사실이 아니었다. 여기에 반해 요리에서 맛은 중요한 사실이다. 회화에서 색은 큰 의미를 가진다. 물리학이나 요리나 회화는 각각 서로 다른 것에서 의미를 찾는다. 따라서 서로 다른 것을 사실로서 본다.

성과를 올리는 경영자는 의사 결정은 사실을 찾는 것에서 출발하지 않음을 잘 알고 있다. 누구나 의견으로부터 출발한다. 하나의 분야에 많은 경험을 가진 인간은 당연히 자신의 의견을 가져야 한다. 한 분야에서 오랫동안 일해 오면서 자신의 의견을 갖고 있지 않다면 관찰력이 부족하거나 우둔한 것이 아닌지 의심해 볼 필요가 있다.

사람은 의견으로부터 출발하지 않을 수 없다. 처음에 사실을 찾으라고 촉구하는 것은 바람직하지 않다. 왜냐하면 누구나 이미 결정되어 있는 결론을 뒷받침할 사실을 찾기 때문이다. 그리고 자신이 발견하고 싶은 사실을 찾지 못하는 인간은 없다.

통계를 공부한 사람은 이 점을 알고 있고 따라서 숫자를 믿지 않는다. 그는 숫자를 찾아낸 사람을 알고 있기 때문에, 또는 찾아낸 사람을 알지 못하기 때문에라는 두 가지 모두의 경우에 숫자에 대한 의심을 갖는다.

따라서 의견을 현실에 조망해 검증하기 위한 단 하나의 엄격한 방법은 우선 먼저 의견이 있다는 것, 또 그렇지 않으면 안 된다는 명확한 인식이다. 이 인식이 있어서 비로소 가설로부터 출발하는 것을 잊지 않게 된다.

　의사 결정도 과학과 똑같이 가설이 유일한 출발점이다. 우리들은 가설을 어떻게 취급해야 하는지 알고 있다. 이것은 논의해야 할 것이 아니라 검증해야 할 것이다. 이렇게 해서 우리들은 어떤 가설이 유효한지 진지하게 다시 검토하고 어떤 가설이 검증에 의해 배제되어야 하는지를 알 수 있다.

　성과를 올리는 경영자는 의견을 가질 것을 권장한다. 그러나 의견을 표명할 사람에 대해서는 현실에 의한 검증을 충분하게 생각하라고 촉구한다. 그리고 이 '가설의 유효성을 검증하기 위해서 무엇을 알아야 하는가', '이 의견이 유효하기 위해서 사실은 어떻게 되어 있어야 하는가'를 묻는다.

　그리고 그는 찾아야 하는 것, 조사해야 하는 것, 검증되어야 하는 것은 무엇인지 철저하게 생각하고 밝히는 것을 습관화한다. 또한 의견을 표명하는 사람에 대해서는 어떤 사실이 예상되고 어떤 것을 찾아야 하는지를 명확하게 할 책임을 지도록 촉구한다.

　여기에서 가장 중요한 물음은 '유효성의 기준'이 무엇인가일 것이다. 그리고 대개 이 대답에서 검토할 문제는 의사 결정에 부수되는 평가 측정의 기준이다. 성과를 올리는 옳은 의사 결정이 어떻게 내려졌는지를 분석해 보면, 항상 거기에는 적절한 평가 측정 기준을 얻기 위한 대단히 많은 사고와 노력이 투자되고 있었음을 알 수 있다.

　서비스가 벨의 사업이라는 베일의 의사 결정이 그만큼 성과를 올린 것도 그가 평가 측정의 기준을 정했기 때문이었다.

성과를 올리는 의사 결정을 내리기 위해서는 항상 그 때까지의 평가 측정 기준은 맞지 않다고 생각해야 한다. 만약 그렇지 않다면 애초부터 의사 결정을 내릴 필요는 없고 간단한 조정으로 충분하다.

어제의 평가 측정 기준은 어제의 의사 결정을 반영하고 있다. 그러므로 새로운 의사 결정이 필요하게 되었다는 것은 보통 그 때까지의 평가 측정 기준이 이미 의미를 잃어버렸음을 말한다.

미군은 한국 전쟁 이후 오랫동안 장비 조달과 재고 문제를 지적받고 있었다. 무수한 검토가 이루어졌지만 사태는 악화일로였다. 그래서 케네디 대통령이 국방 장관에 임명한 로버트 맥나마라는 조달과 재고에 관련된 전통적인 평가 측정 기준, 즉 총액과 총품목이라는 척도를 문제로 포착했다.

그는 우선 조달 총액이 전체의 90%를 차지하는 소수 주요 품목을 선별하게 했다. 선별 품목은 불과 4%였다. 다음으로 전투 능력으로 전체의 90%에 해당하는 소수의 주요 품목을 선별하게 했다. 이것도 품목 수는 불과 4%였다. 그리고 이 두 가지를 합한 결과 - 중복된 항목 때문에 - 품목 수로는 5%에서 6% 정도의 중요 품목 리스트를 얻을 수 있었다.

맥나마라는 이 리스트에 실린 품목은 분리하여 세심하게 주의를 기울여 관리할 것을 명령했다. 그리고 남은 94~95%에 이르는 품목, 즉 금액적으로도 전투 능력 면에도 별 의미가 없는 품목에 대해서는 확률과 평균치에 의한 관리, 즉 예외 품목을 설정해 관리하도록 했다.

이 결과 군은 조달이나 재고 관리, 병참에 관한 효과적인 의사 결정을 즉시 내릴 수 있었다.

평가 측정 기준을 찾는 최선의 방법은 이미 서술했듯이 자신이 현장에서 피드백을 확인하는 것이다. 즉, 이것은 의사 결정 전의 피드백이다.

예를 들어 인사 관리상의 문제는 대개의 경우 평균치를 평가 기준으로 삼는 데 있다. 사원 100명당의 평균 사고율, 사원 100명당 평균 결근율, 사원 100명당 평균 병가율 등이 그것이다. 그러나 자신이 나가서 확인하는 경영자는 즉시 다른 기준이 필요하다는 것을 알게 된다.

평균치는 보험 회사에게는 도움이 되지만 인사 관리상의 의사 결정에는 의미가 없다. 아니, 커다란 잘못을 범할 수 있다.

사고의 대부분은 공장의 한두 군데에서 일어난다. 결근의 대부분은 하나의 부서에서 일어난다. 결근은 평균적으로 회사 곳곳에서 나타나는 것이 아니라, 사원의 극히 일부분, 젊은 미혼 여성에게 집중되어 있다. 그러므로 평균치 의존의 인사 정책은 기대할 성과를 낳기는커녕 사태를 악화시키고 만다.

자동차의 안전 문제도 그렇다. 이 문제도 역시 나가서 확인하지 않앉던 것이 안전 설계의 필요에 빨리 부응하지 못한 주요 원인이었다. 자동차 메이커는 주행 거리당, 또는 1대당 평균 사고율만을 기준으로 삼고 있었다. 나가서 보기만 했다면 사고에 의한 부상 정도가 새로운 기준으로 추가되어야 한다는 것을 이해했을 것이다. 그래서 사고 자체의 위험도를 줄이기 위한 대책으로 차의 설계를 변경하여 안전 캠페인을 보충할 필요가 있음을 분명하게 인식했을 것이다.

따라서 적절한 기준을 발견해 내는 것은 단순히 통계상의 문제는 아니다. 그것은 이미 위험을 동반한 판단의 문제이다.

판단을 내리기 위해서는 몇 개의 선택안이 필요하다. 하나의 안밖에 없어 그것에 '예, 아니오'를 말할 뿐인 판단은 판단이라고 볼 수도 없다. 몇 개의 선택안이 있어야 비로소 무엇이 문제인지에 대해 정확한 통찰력을 가질 수 있다.

따라서 의사 결정의 성과를 올리기 위해서는 평가 측정의 기준에 대해서도 여러 선택안이 필요하다. 그 중에서 가장 적절한 기준을 선별하지 않으면 안 된다.

투자 계획에도 몇 개의 평가 기준을 생각할 수 있다. 투자 횟수에 필요한 시간이라는 기준도 있고, 투자 이익률이라는 기준도 있고, 투자가 남겨줄 이익의 현재 가치라는 기준도 있다.

성과를 올리는 의사 결정을 내리려면 회계 부문에서 '이것만이 합리적인 평가 기준이다'라고 아무리 강력하게 주장해도 하나의 기준으로 만족해서는 안 된다. 어떤 기준도 투자의 한 측면을 나타내는 데 지나지 않기 때문이다. 또한 모든 측면으로부터 검토하지 않으면 어떤 기준이 가장 적합한지 알 수 없다. 아무리 회계 부문이 괴롭힌다 해도 세 가지의 기준으로 계산하라고 요구하지 않으면 안 된다. 이렇게 해야 비로소 '이 문제에는 이 기준이 좋다'고 말할 수 있는 것이다.

어떤 일도 선택한 대안 전부를 검토하지 않으면 시야가 좁은 상태에 머무르고 만다.

성과를 올리는 경영자가 의사 결정 교과서에 나오는 원칙을 무시하고 의견 일치가 아닌 의견의 불일치나 상이함을 도출시키는 것은 이 때문이다.

꼭 내려야 하는 중요한 의사 결정을 만장일치로 내리려고 해서는 안 된다. 상반되는 의견의 충돌, 서로 다른 관점간의 대화, 서로 다른 판단 사이의 선택이 있어야 비로소 결정을 잘 내릴 수 있다. 따라서 의사 결정에서 가장 중요한 것은 반대 의견이 없을 때는 의사 결정을 내리지 않는 것이다.

GM의 최고 회의에서 슬론이 "그러면 이 결정에 관해서 의견이 완전히 일치되고 있다고 생각해도 좋습니까?" 하고 묻자 모든 출석자가 고개를 끄덕였다. 그러자 그는 "그러면 이 문제에 대해서 다른 견해를 끄집어 내고 이 결정이 어떤 의미를 갖고 있는지에 대해 좀더 이해할 시간이 필요하니, 다음 기회까지 검토를 연기할 것을 제안합니다."라고 말했다 한다.

슬론은 직관으로 의사 결정을 내리는 사람은 아니었다. 그는 의견은 사실에 의해 검증되어야 한다는 것을 강조하고 있었다. 게다가 절대로 결론에서 출발하여 그 결론을 뒷받침할 사실을 찾아서는 안 된다고 말했다. 그리고 그는 옳은 의사 결정에는 적절한 의견 일치가 필요하다는 것도 알고 있었다.

큰 성과를 올렸던 미국 대통령은 모두 각각 의견 불일치를 만들기 위한 자기 나름의 방법을 갖고 있었다. 링컨, 테어도어 루스벨트, 프랭클린 D. 루스벨트, 헨리 트루먼, 그들 모두는 자기 나름의 방법을 갖고 있었다. 그들은 모두 이 결정이 어떤 의미를 갖는지에 대해서 좀 더 잘 이해하기 위해 의견 불일치를 만들고 있었다.

워싱턴 대통령이 대립이나 다툼을 싫어해 각료 내의 일치를 요구했다는 사실은 유명하다. 그러나 그조차도 중요한 점에 대해서는 해밀턴과 제퍼슨, 두 사람에게 의견을 들음으로써 필요한 의견 차이를 만들고 있었다.

의도적인 의견 불일치의 필요성을 가장 잘 알고 있었던 대통령은 아마 프랭클린 D. 루스벨트였을 것이다. 그는 중요한 문제가 나오면 측근 중 한 사람을 불러 "이것을 비밀리에 검토해 주시오." 하고 부탁했다. 실제로는 비밀리에 한 부탁도 즉시 워싱턴 사람들의 귀에 들어가고 만다는 것을 루스벨트 자신도 알고 있었다.

그러고 나서 그는 그 측근과 분명하게 생각이 다른 몇 사람을 불러 똑같이 은밀하게 같은 것을 부탁했다. 그 결과 그는 문제의 모든 측면이 검토되고 제시된다는 것을 확신할 수 있었다. 이렇게 해서 그는 특정인이 특정 결론의 포로가 되는 것을 막을 수 있었다.

루스벨트의 각료 중 유일한 전문 관리자였던 해럴드 익스 내무장관은 루스벨트의 이러한 방식이 바람직하지 못한 관리 방법이라고 비판하고 있다. 그는 일기에서 루스벨트의 무책임함, 경솔함, 표리부동한 언동을 신랄하게 비난하고 있다.

그러나 루스벨트는 대통령의 임무가 관리는 아니라고 생각하고 있었다. 그것은 정책 결정, 옳은 의사 결정을 내리는 것이었다. 그리고 옳은 정책이나 의사 결정은 변호사가 법정에서 진실을 밝히기 위해 모든 측면에서 접근하는 방법, 즉 반대 심문에 의해 얻을 수 있는 것이다.

의견 불일치는 특히 다음 세 가지의 커다란 이유로부터 필요하다.

첫째, 의사 결정을 내리는 사람이 조직의 포로가 되는 것을 방지하는 유일한 수단이기 때문이다. 모든 인간은 의사 결정을 내리는 사람으로부터 무엇인가를 얻으려고 한다. 모든 인간은 무엇인가 특별한 것을 바라고 있고 종종 정말 좋은 신의를 갖고 자신에게 가장 좋은 결정을 하려 든다. 의사 결정자가 대통령이건 설계 변경 공사를 하고 있는 신입 기술자이건 다르지 않다.

그러한 특별한 요청이나 이미 결정된 의도로부터 탈출하기 위한 유일한 수단이, 충분히 논의되고 사실에 의해 입증되고 검증되는 반대 의견의 존재이다.

두 번째로 반대 의견만이 여러 선택안을 줄 수 있기 때문이다. 그리고 아무리 신중하게 생각해서 선택했다 해도 여러 선택안이 없는 의사결정은 아무런 도움이 되지 않는다.

의사 결정은 항상 틀릴 위험을 안고 있다. 처음부터 잘못된 것도 있고 상황이 바뀌어 오류가 된 것도 있다. 그러나 의사 결정 과정에서 다른 대안을 생각해 놓으면 다음에 의지할 만한 대안으로, 충분하게 생각하고 재검토하고 이해한 또다른 대안으로 준비해 놓을 수 있다. 만약 그런 대안이 없다면 의사 결정이 더 이상 유효하지 않다는 것이 분명해질 때 더 이상 대체안이 나올 희망도 없는 것이다.

앞 장에서 1914년 독일군의 슐리펜 계획과 프랭클린 D. 루스벨트의 처음의 경제 계획 사례를 소개했다. 두 가지 다 기능해야 할 때 상황이 변하여 기능할 수 없게 된 계획이었다.

독일군은 다시 일어설 수 없었다. 변화시켜야 할 전략도 갖고 있지 않았다. 한 번 잘못된 시점에 맞췄기 때문에 이제는 다음 시기에 맞추어 갈 뿐이었다. 그것은 불가피했다. 실로 25년간이나 독일군 참모 본부는 슐리펜 계획 이외에는 생각하고 있지 않았기 때문이다. 모든 에너지가 이 계획의 세부 사항에 투입되고 있었다. 따라서 이 계획이 와해되었을 때 다른 의지할 만한 대체 계획은 전혀 없었다.

전략 입안에 관한 훈련을 받았음에도 불구하고 장군들은 먼저 어떤 방향으로, 그리고 왜 그들이 처음에 그 곳으로 돌진했는지도 모르는 채 다른 방향으로 돌진하는 등 즉흥적일 뿐이었다.

똑같이 1914년에 일어났던 또 하나의 사건도 대체안이 없는 위험성을 가르쳐 준다. 러시아 황제는 총동원령을 내리고 나서 생각을 바꾸었다. 그는 참모 총장을 불러 동원을 중지하도록 했다. 그러나 참모 총장은 "폐하, 불가능합니다. 한 번 내려진 총동원령을 취소할 방법은 없습니다."라고 대답했다.

러시아가 움직이기 시작한 군사 기구를 최후의 순간에 멈추었다면 제1차 세계 대전도 피할 수 있었다고 잘라 말할 수는 없다. 그러나 적어도 세계를 제정신으로 돌릴 최후의 기회는 있었을지 모른다.

이와는 반대로 프랭클린 D. 루스벨트는 선거 기간 중 정통 경제 정책을 내걸고 싸웠지만, 동시에 나중에 '브레인 트러스트'로 알려진 팀을 편성, 대규모의 경제적 사회적 개혁을 지향하는 과거 진보파의 제안을 기초로 한 급진적 정책을 입안시켰다.

이렇게 해서 루스벨트는 금융 시스템 붕괴 이후 정통 경제 정책을 고집하는 것이 정치적인 자살 행위라는 사실이 분명해졌을 때, 대안을 준비할 수 있었다. 즉, 그는 정책의 대체안을 갖고 있었던 것이다.

만약 그 대체안을 준비하지 않았다면 루스벨트도 독일의 참모 본부나 러시아의 황제처럼 참담한 지경에 빠졌을 것이다.

그러나 국제 경제에 관해서는 대통령 취임 당시의 루스벨트도 19세기 풍의 고전적인 경제 이론밖에 갖고 있지 않았다. 그런데 1932년 11월의 대통령 선거 승리와 다음 해 3월의 대통령 취임 사이에 국내 경제의 붕괴와 똑같은 국제 경제의 붕괴가 있었다.

그는 문제를 인식할 수는 있었다. 그러나 국제 경제에 관한 정책 대안을 갖고 있지 않았기 때문에 별 효력 없는 임기응변 이외의 대안이 없었다.

루스벨트 같이 유능하고 기민한 사람도 갑자기 내습한 안개에는 속수무책일 수밖에 없었다. 그는 런던 경제 회의 결정을 뒤집고 문제 해결과는 관계 없는 달러 절하나 은본위 제도 부활을 주장하는 등 야바위 약장수 수준을 넘어서지 못했다.

똑같은 예로써 루스벨트는 1936년 대통령 선거에서 압도적으로 승리한 후 대법원을 자파 일색으로 만들려고 한 적이 있다. 그 때 그는 자신이 완전히 장악하고 있다고 생각하던 의회의 강력한 반대에 부딪쳤고, 대안도 갖고 있지 못했다. 그 결과 그는 대법원 인사에서 실패했고, 그 후로는 압도적인 국민적 인기와 의회의 절대 다수에도 불구하고 국내 정치를 움직이는 것조차 어려워졌다.

세 번째로 반대 의견은 무엇보다도 상상력을 자극하기 위해 필요하다. 문제를 정확하게 풀려면 상상력이 필요하지 않다는 이야기도 있다. 그러나 그것은 수학 세계뿐이다.

정치, 경제, 사회, 군사 모든 분야에서 경영자는 불확실한 문제를 해결할 새로운 상황을 만들어 낼 수 있는 창조적인 대답이 필요하다. 즉, 이 말은 상상력, 즉 완전히 새로운 지각과 이해가 필요하다는 것이다.

확실히 1급 상상력은 많이 존재하지 않는다. 그러나 그것은 일반적으로 알려진 정도로 희소한 것도 아니다. 상상력은 도전하고 자극하지 않으면 은폐되고 사용할 수 없게 되어 버린다.

이에 대한 반대 의견, 특히 이론이 뒷받침되고 충분히 검토된 반대 의견이야말로 상상력의 가장 효과적인 자극제가 된다.

험프티 덤프티(아이들 동요에 나오는 달걀 모양의 땅딸보: 역주)처럼 아침 식사 전에 수많은 불가능한 사건을 상상할 수 있는 사람은 현실에 없다. 그리고 험프티 덤프티를 만들어 낸 사람이고 『이상한 나라의 앨리스』의 저자인 루이스 캐롤 같은 무한한 상상력을 가진 사람은 거의 없다. 그러나 자그마한 어린애라도 『이상한 나라의 앨리스』를 즐길 수 있을 만큼의 상상력은 갖고 있다.

또한 제롬 S. 브루너가 말하고 있듯이 여덟 살짜리 어린이도 4×6과 6×4는 같지만, 블라인드 베네치안(베니스의 맹인)과 베네치안 블라인드(판자로 된 발)가 똑같지 않다는 것은 순간적으로 이해할 수 있다. 이것이야말로 고도의 상상력이 낳은 통찰이다. 그러나 현실적으로 사람들이 내린 의사 결정의 너무 많은 부분이 블라인드 베네치안과 베네치안 블라인드를 똑같은 것으로 착각하고 있다.

빅토리아 왕조 시대에 유럽을 방문한 남태평양 사람이 섬으로 돌아가 '유럽에는 집이나 건물 안에 물이 없다'고 말했다는 이야기가 있다. 그의 섬에서는 집 안에 통나무에 구멍을 뚫은 홈이 있어 그 안을 흐르는 물이 겉에서 보인다. 유럽 도시에서는 파이프 안의 물은 보이지 않는다. 스위치를 틀면 물은 나오지만 누구도 그것을 설명하고 있지 않았다.

나는 이 이야기를 떠올릴 때마다 상상력을 생각한다. 스위치를 틀지 않으면 상상력도 나오지 않는다. 이 스위치가 논의 과정에서 나오는 의견 불일치이다.

따라서 성과를 올리는 경영자는 의도적으로 의견 불일치를 끄집어낸다. 그렇게 함으로써, 당연한 것 같지만 잘못된 의견이나 불완전한 의견에 눌려 침묵하는 것을 방지한다. 또한 이 과정에서 선택할 수 있고 의사 결정을 내릴 수 있게 된다.

의사 결정 실시 단계에서 그 의사 결정에 결함이 있거나 잘못되었다는 것이 분명하게 될 때 당황하지 않고 해결할 수 있다.

또한 자기 자신만이 아닌 동료들의 상상력도 끌어내 준다. 의견 불일치는 당연한 것 같은 결정을 옳은 의사 결정으로 바꾸고, 옳은 의사 결정을 탁월한 의사 결정으로 변화시켜 준다.

따라서 성과를 올리는 경영자는 하나의 행동만이 옳고 다른 행동은 모두 틀렸다는 가정에서 출발하지 않는다. 또 자신은 옳고 그는 틀리다는 가정으로부터 출발하지도 않는다. 그리고 의견 불일치의 원인은 반드시 밝혀 낸다는 결의로부터 출발하지 않으면 안 된다. 물론 어리석은 인간도 있고 쓸데없는 대립만을 조장하는 사람도 있다는 사실은 알아야 한다.

그러나 명백하게 충분히 알 수 있는 것에 반대하는 사람은 바보나 악당임에 틀림없다고 생각해서는 안 된다. 반증이 없는 한 반대하는 사람도 극히 지적이고 공정한 사람이라고 가정해야 한다. 따라서 분명히 잘못된 결론에 이르고 있는 인간은 자신과는 다른 현실을 보고 다른 문제를 포착하고 있다고 생각해야 한다.

만약 그 의견이 논리가 통하고 합리적인 동시에 지적이라고 가정한다면 도대체 그는 어떤 현실을 보고 있는 것일까를 자문해 보아야만 한다. 성과를 올리는 경영자는 무엇보다도 우선 문제의 이해에 관심을 가진다. 누가 옳고 누가 틀렸는지는 그 후의 일이다.

제대로 된 법률 사무소에서는 막 학교를 졸업한 신참 변호사에게 최초의 업무로 상대편의 입장에서 논리를 전개할 것을 지시한다. 이 방법은 의뢰인을 위한 논리 전개의 필요성 때문만은 아니다. 상대측 변호사 역시 일을 잘 할 수 있다고 생각하지 않으면 안 되기 때문에 신참 변호사에게는 좋은 훈련이 된다.

이 훈련을 통해 내가 맞다는 전제로부터가 아니라 상대가 무엇을 알고, 무엇을 포착하고, 무엇을 갖고 이길 수 있다고 믿는지를 생각하는 것에서 출발해야 함을 배우게 된다.

즉, 각각의 주장을 두 가지 대체안으로 보는 것을 배우는 것이다. 그렇게 해서 비로소 이 쪽의 주장이 가진 의미도 이해할 수 있다. 두 가지의 대체안 중 상대측의 것보다도 우리측의 것이 더 옳다는 것을 법정에서 주장할 수 있다.

두말할 것도 없이 경영자뿐만 아니라 너무도 많은 사람이 이렇게는 행동하지 않는다. 대부분의 사람이 자신의 관점을 유일한 관점으로 확신하면서 일을 시작한다.

미국 철강 회사 경영자측은 정원외 고용을 문제 삼으면 왜 노조가 그렇게 화를 내는지 자문해 본 적이 없다. 다른 한편 노조는 왜 경영자측은 의미 없는 정원외 고용을 문제시하는 것인지 자문했던 적이 없다. 그리고 양측은 상대의 잘못을 필사적으로 증명하려고 해왔다.

서로 상대가 무엇을, 왜 보고 있는지를 이해하려고 노력하면 미국 산업계 전체까지는 아니더라도, 적어도 철강업계는 노사가 함께 강력한 존재로 현재보다도 훨씬 양호하고 건전한 관계를 쌓아 갈 수 있을 것이다.

아무리 감정이 격앙되어도, 아무리 상대측이 틀리고 논리가 통하지 않는다고 확신해도 제대로 된 의사 결정을 내리려면, 선택안을 충분하게 검토하기 위한 수단으로 반대 의견을 들으려 노력해야만 한다. 중요한 문제의 모든 측면을 조심스럽게 보기 위한 수단으로서 의견 대립을 사용해야 하는 것이다.

성과를 올리는 경영자가 하는 마지막 질문은 의사 결정이 정말로 필요한지를 자문하는 것이다. 단 하나의 대체안은 아무 쓸모가 없기 때문이다.

의사 결정은 외과 수술이다. 그것은 시스템에 대한 간섭이고 쇼크 위험을 수반한다. 훌륭한 외과 의사가 불필요한 수술을 하지 않는 것과 마찬가지로 불필요한 의사 결정을 해서는 안 된다.

성과를 올린 의사 결정을 내리는 사람도 우수한 외과 의사와 똑같이 사람에 따라 각각 스타일은 다르다. 어떤 사람은 대담하고 어떤 사람은 보수적이다. 그러나 불필요한 의사 결정은 내리지 않는다는 원칙에 대해서는 모두 생각이 일치한다.

아무 것도 하지 않을 경우 사태가 악화된다면 의사 결정을 내리는 편이 좋다. 똑같이 기회에 대해서도 이야기할 수 있다. 급히 서둘러 무엇인가를 하지 않을 경우 중요한 기회가 사라진다면 행동하여 충분히 변혁시키도록 해야 한다.

전기 통신 사업 국유화의 폐해에 관한 테어도어 배일의 생각은 동시대 사람들의 폭넓은 지지를 얻고 있었다. 그러나 그들은 피상적인 증상으로, 즉 이런저런 법안과 싸우거나 이런 저런 후보자를 지지하거나 반대하는 식으로 싸우고 싶어했다.

그러나 배일만은 계속 악화되고 있는 상황에 대처하는 데 그러한 대증 요법이 효과가 없다는 것을 이해하고 있었다. 모든 전투에 이겨도 전쟁에 승리할 수는 없는 법이다.

배일은 새로운 상황을 만들어 내기 위해서 대담한 행동이 필요함을 분명하게 알았다. 독점 기업이 민간 기업으로서 살아 남기 위해서는, 국유화에 대한 유효한 대처 안으로써 공적 규제를 사용해야 한다는 것을 배일만이 깨닫고 있었다.

낙관적이지는 않지만, 아무 일도 하지 않아도 문제가 일어나지 않는 상황이 있다. 아무 것도 하지 않는다면 무슨 일이 일어나는가라는 질문에 대해 아무 것도 일어나지 않는다가 대답이라면 손을 대서는 안 된다.

상황은 우려되지만 절실하지 않고 이렇다 할 문제도 발생할 것 같지 않은 경우에도 손을 대서는 안 된다.

이와 같은 것을 이해하고 있는 경영자는 드물다. 예를 들어 심각한 재무상의 위기에 처했을 때, 합리화의 선두에 선 관리자는 그다지 의미도 영향도 없는 것을 그냥 내버려 두지 않는다. 합리화의 대상 부문은 영업이나 물류다. 그래서 열심히 영업 부문과 물류 부문에 걸쳐 비용을 삭감한다.

그러나 효율적으로 잘 운영되고 있던 공장에서 두세 명의 나이 먹은 노동자가 이에 불만을 품고 소동을 일으켜 모처럼의 합리화 노력 성과에 찬물을 끼얹고 만다. 두세 명의 노동자를 해고해 보았자 별 차이가 없다는 의견을 이치에 맞지 않는다고 물리친다. "모두가 희생을 무릅쓰고 있는데 왜 공장 노동자들은 비효율성을 인정하지 않지요?" 하고 말한다.

이윽고 위기가 사라지면 그가 사업을 구했다는 것은 즉시 잊혀지고 만다. 그러나 그가 두세 명의 불쌍한 노동자에 대해 무자비했다는 것은 결코 잊혀지지 않는다. 당연하다.

이미 2,000년 전에 로마법에서 위정자는 사소한 일에 집착해서는 안 된다고 말하고 있다. 이 교훈을 배워야 할 의사 결정자는 아직도 많다.

대부분의 의사 결정은 이 양 극단 사이에 있다. 아무 일도 하지 않으면 잘 돌아가는 것도 아니지만, 아무 일도 하지 않는다고 돌이킬 수 없는 상황이 되는 것도 아니라는 데 문제가 있다. 기회라고 해도 정말로 변혁이나 혁신을 위한 기회가 아닌 개선을 위한 기회일 뿐이다.

확실히 행동하지 않아도 살아남을 수 있다. 그러나 행동하면 상황은 크게 개선된다. 이런 상황하에서 행동하는 경우의 노력과 위험을 행동하지 않았을 경우의 노력과 위험과 비교해 보아야 한다.

그와 같은 경우 옳은 의사 결정을 위한 원칙은 없다. 그러나 지침이라고 할 수 있는 사고 방식은 있기 때문에 개개의 구체적인 상황에서 행동 여부를 결정하기 어려운 경우는 별로 없다.

의사 결정의 지침

- 소득이 비용이나 위험을 크게 웃돈다면 행동하지 않으면 안 된다.
- 행동할 것인가, 말 것인가, 그 어느 것인가 해야 한다.
  양 다리를 걸친다든지 그 사이를 취하려 해서는 안 된다.

편도선이나 맹장을 절반 정도 절개해도 완전히 절개한 경우와 똑같이 감염이나 쇼크의 위험이 있다. 게다가 상황을 개선하기는커녕 악화시킨다. 수술은 할 것인가 말 것인가의 선택이다.

똑같이 성과를 올리는 의사 결정도 내릴 것인가, 내리지 않을 것인가이다. 절반의 행동은 없다. 절반의 행동이야말로 언제나 변함 없이 틀린 것이고 필요한 최저한의 조건, 즉 환경 조건을 만족시킬 수 없는 행동이다.

여기서 드디어 의사 결정을 내릴 준비는 되었다. 의사 결정이 만족시켜야 할 환경 조건은 충분하게 고려되고 선택안은 이미 검토되었고, 얻어야 할 것과 부수된 위험은 이미 저울에 달아 보았다. 모든 것을 알았다. 여기에서 무엇을 해야 할 것인지는 분명해진다. 의사 결정은 거의 다 내려졌다고 해도 좋다.

그러나 이 시점에서 극히 많은 의사 결정이 행방불명되고 만다. 이 시점에서 의사 결정이 유쾌하지 않고 평판도 좋지 않고 쉽지도 않다는 사실이 갑자기 분명해진다. 여기서 결국 의사 결정에는 판단력만큼의 용기가 필요하다는 것이 드러난다.

약이 입에 쓸 필연적인 이유는 없다. 그러나 일반적으로 좋은 약은 쓰다. 똑같이 의사 결정이 괴롭지 않으면 안 된다는 필연적인 이유는 없다. 그러나 일반적으로 성과를 올리는 의사 결정은 괴롭다.

여기서 절대로 해서는 안 되는 것이 있다. 다시 한 번 조사해 보자라는 유혹에 져서는 안 된다. 그것은 소심한 사람의 방식이다. 그리고 소심한 사람은 용기 있는 자가 한 번 죽는 곳에서 천 번도 넘게 죽는다.

한 번 더 조사해 보자는 유혹에 대해 '다시 한 번 조사해 보면 무엇인가 새로운 것이 나오리라고 믿을 만한 이유가 있는가'라고 자문해 보아야 한다. 만약 대답이 '아니오'라면 다시 조사해서는 안 된다. 스스로의 결단력이 없음으로 인해 유능한 사람들의 시간을 낭비해서는 안 된다.

그렇다고 해서 의사 결정의 의미에 대해 완전하게 이해하고 있다는 확신 없이 의사 결정을 서둘러서는 안 된다. 위대한 인물 소크라테스는 다이몬이 정신차리라고 속삭이는, 즉 내부로부터의 목소리에 귀를 기울이지 않으면 안 된다고 했다.

의사 결정의 타당함을 믿는 한 곤란이나 불쾌함, 공포가 있어도 의사 결정은 내려야 한다. 그러나 잠깐이라도 이유는 알 수 없지만 걱정이나 불안, 또 신경 쓰이는 것이 있다면 의사 결정은 잠시 미루는 것이 좋다. 내가 알고 있는 최고의 의사 결정자 중 한 사람은 초점이 어긋나는 경우에는 잠깐 기다린다고 말하고 있다.

열 번 중 아홉 번은 불안하게 느끼는 것이 사소하고 쓸데없는 일이라는 점이 분명해진다. 그러나 열 번에 한 번은 가장 중요한 사실을 놓치거나, 초보적인 잘못을 범하거나, 완전히 판단을 그르치거나 했던 사실을 알아차린다.

열 번째에야 사람들은 셜록 홈즈가 그랬듯이 한밤중에 갑자기 눈을 뜨고, "중요한 것은 배스커빌 가의 개가 짖지 않았다는 것"이라고 알아차린다. 그렇다고 해서 의사 결정을 오래 끌어서는 안 된다.

며칠, 고작해야 몇 주간까지이다. 그 때까지 '다이몬'이 말을 걸어오지 않는다면 좋고 싫음에 관계 없이 정력적으로 신속하게 의사 결정을 내려야 한다.

경영자는 좋아하는 일을 하기 때문에 보수를 받는 것이 아니다. 꼭 해야 할 일을 하기 때문에, 특히 경영자 특유의 업무로서 성과를 올릴 수 있는 의사 결정을 내리기 때문에 보수를 받는 것이다.

의사 결정과 컴퓨터

앞에서 말한 모든 내용은 컴퓨터 시대인 오늘날에도 타당할까? 컴퓨터는 의사 결정자, 적어도 중간 의사 결정자를 대신할 수 있다고 여겨져 왔다. 수년 사이에 일상의 의사 결정 모두를 컴퓨터가 내릴 것이라든지, 머지않아 전략적인 의사 결정까지 내릴 것이라고까지 이야기하는 사람도 있다.

실제로 컴퓨터 덕분에 경영자가 땜질식으로 처리하고 있던 것을 드디어 본래의 의사 결정으로 내릴 수 있게 되었다. 즉, 컴퓨터 덕분에 지금까지는 반응할 뿐이었던 사람들의 다수가 진짜 의사 결정자, 진짜 집행자가 되지 않을 수 없게 되었다.

컴퓨터는 경영자에게 강력한 도구가 되고 있다. 그러나 그것은 쇠망치나 집게와 똑같다. 인간이 할 수 없는 것은 컴퓨터도 할 수 없다. 인간이 할 수 없는 일을 하는 자동차나 톱과는 다르다.

컴퓨터는 숫자를 더하거나 빼는 속도는 인간보다 훨씬 빠르다. 게다가 도구이기 때문에 지루하다거나 피곤해 하지 않고, 잔업 수당을 달라고도 하지 않는다. 컴퓨터는 다른 도구와 똑같이 인간의 능력을 증가시킨다(자동차나 항공기나 텔레비전처럼 인간이 할 수 없는 것을 할 수 있는 도구는 인간의 활동 영역, 즉 인간의 능력 범위를 확대한다.). 그러나 컴퓨터는 다른 모든 도구와 똑같이 한두 가지 일밖에 할 수 없다. 할 수 있는 범위는 극히 좁다.

컴퓨터의 등장으로 오늘날 땜질식 의사 결정이 진정한 의사 결정으로서 변화하게 된 것은 이 컴퓨터의 한계 때문이다.

컴퓨터의 강점은 논리적인 데 있다. 컴퓨터는 프로그램에 짜여진 대로 정확하게 수행한다. 신속하고 정확하게 수행한다. 하지만 어디까지나 우둔한 물건으로서 그러한 업무를 수행한다. 논리는 애초에 바보스러운 것이다. 컴퓨터는 단순하고 명백한 것밖에 할 수 없다. 이에 반해 인간은 논리적이지 않다. 지각적이다. 이는 인간이 느리고 나약하다는 것을 뜻한다.

그러나 인간은 총명하고 통찰력이 있다. 인간에게는 적용력이 있다. 즉, 인간은 불충분한 정보로부터 또는 정보가 없어도 전체의 상이 어떻게 되어 있어야 하는지를 추정할 수 있다. 프로그램화 되어 있지 않은 것도 누구나 생각할 수 있다.

컴퓨터가 원인은 아니다. 컴퓨터는 도구에 지나지 않고 어떤 사물의 원인이 될 수 없다. 컴퓨터는 단순히 이미 일어나고 있는 것을 부각시키고 있는 데 지나지 않는다. 그 자리에 필요한 작은 대응에서 기본 방침에 관한 의사 결정으로의 이행은 꽤 오래 전부터 일어나고 있다.

특히 이 이행이 확실히 보여지는 부분이 제2차 대전과 그 후의 군이다. 군사 행동이 너무도 광범위하고 유기적이 된 결과, 예를 들어 병참 시스템도 전체 전장과 전군을 커버하게 되었고 중간 지휘관들도 자기 자신의 작전 골격인 전략적 의사 결정 내용을 알아야만 하게 되었다. 그리고 상황에 따라 대응하는 것이 아닌 진정한 의미의 의사 결정을 내리지 않으면 안 되었다.

사실 롬멜, 브래들리, 추코프 등 제2차 대전의 영웅이 되었던 장군들은 옛날의 무인이 아닌 중간 매니저였다.

오늘날 소수의 최고 경영자만이 의사 결정을 내리는 것은 아니다. 조직에서 일하는 거의 대부분의 지식 노동자는 어떤 방법으로든 스스로 의사 결정을 내리고, 또는 적어도 의사 결정 과정에서 지적인 역할을 부과받고 있다.

과거에는 최고 경영진이라는 극히 작은 기관에 특유한 기능이던 것이 오늘의 사회적 기관, 즉 대규모의 지적 조직에 있어서는 급속하게 모든 조직 단위의 통상적인 업무가 되고 있다.

그리고 오늘날에는 의사 결정을 내리는 기능은 지식 노동자, 적어도 책임 있는 지위에 있는 지식 노동자에게 있어 실로 성과를 올리는 능력 그 자체가 되고 있다.

그리고 새로운 기술도 또한 개별적 사상(事象)에 대한 대응으로부터 의사 결정으로의 이행을 필연적으로 만들고 있다.

그 좋은 예가 오늘날 화제에 오르고 있는 퍼트[PERT, prog-ram evaluation review technique]이다. 퍼트란 우주선의 개발, 건조 등 고도로 복잡한 일에서 가장 중요한 과제의 순서를 밝히기 위한 일정상의 지도이다. 퍼트는 사업 안의 업무 각 부분, 그 순서 그리고 사업 전체를 시간에 맞추기 위한 기한을 사전에 계획함으로써 사업을 통제하는 것을 목적으로 한다.

당연히 이 퍼트는 땜질식의 대처를 크게 줄인다. 그리고 그 대신에 고도의 위험을 수반한 체계적인 의사 결정을 필요로 한다. 그러나 퍼트를 사용해 현장에서 업무를 수행하는 사람은 처음에는 언제나 틀린다. 위험을 수반하는 체계적인 의사 결정을 내려야 하는데도 여전히 땜질식으로 내리려고 한다.

컴퓨터는 전략적 의사 결정에도 똑같은 영향을 미친다. 물론 컴퓨터 자신은 전략적인 의사 결정을 내릴 수 없다. 컴퓨터가 할 수 있는 것은, 오늘날에는 현실이 아닌 잠재적인 수준에 지나지 않지만, 불확실한 장래에 대한 가정에서 어떤 결론이 도출되는지, 또는 반대로 취해야 할 행동의 기초에는 어떤 가정이 있어야 하는지를 계산하는 것에 지나지 않는다. 여기에서도 컴퓨터가 할 수 있는 일은 계산뿐이다.

따라서 전략적인 의사 결정에 컴퓨터를 사용하기 위해서는 명쾌한 분석, 특히 의사 결정이 만족시켜야 할 환경 조건에 관한 명쾌한 분석이 필요하다. 즉 위험을 동반한 고도의 의사 결정이 필요하다는 것이다.

또 하나 의사 결정에 컴퓨터가 주는 영향이 있다. 컴퓨터를 정확하게 사용하면, 신뢰할 수 있는 정보의 결여나 지체에 의해 그 때까지 별 수 없이 조직 내부 에너지를 소모하고 있던 상층 경영자가 그와 같은 쓸데없는 일로부터 해방될 수 있게 된다.

그 결과 그들은 성과를 얻을 수 있는 유일한 세계인 외부에 나가서 자기 자신의 눈으로 사물을 볼 수 있게 된다.

컴퓨터는 또한 의사 결정의 전형적인 잘못 하나를 바로잡아 준다. 지금까지 우리는 일반적인 상황을 일련의 특수한 사상(事象)으로 포착해 개별적 문제로서 해결하기 쉬웠다. 그러나 컴퓨터는 일반적인 상황밖에 취급할 수 없다. 논리와 관련되는 것은 일반적인 상황뿐이기 때문이다. 따라서 장래 역으로 예외적이고 특수한 것을 일반적인 증상의 하나로 취급할 위험이 있을 정도이다.

이미 이 위험은 유능한 군인의 판단력을 컴퓨터로 대치하려는 데서 나타나고 있다. 이것은 단순히 군인의 불만으로 묻어 둘 문제가 아니다. 군사적인 의사 결정을 컴퓨터화, 표준화하는 것에 대한 가장 강력한 비판은 영국의 저명한 생물학자이자 국방성 과학 고문으로 컴퓨터 분석과 오퍼레이션 리서치 개발에 지도적인 역할을 수행한 경영학자 졸리 주커만경에 의해 나오고 있다.

그러나 컴퓨터가 초래할 최대의 영향은 그것이 안고 있는 제약 때문에 단순한 대응이 아닌 진정한 의사 결정자를 필요로 하게 만드는 것, 특히 중간 관리자를 단순한 현장 책임자로부터 의사 결정자로 변화시키는 것이다.

이것은 당연히 일어나야 한다. 사실 이미 오래 전부터 기업에서는 GM이, 군사 조직에서는 프러시아군의 참모 본부가 일상 업무의 운영을 의사 결정의 문제로 체계화하고 있었다. 그리고 GM이나 프러시아군의 최대의 강점은 거기에 있었다.

게다가 업무를 운영하는 관리자가 위험과 불확실성을 동반한 판단 문제로써 스스로 의사 결정을 내린다고 하면, 대규모 기업에 특유한 약점 중 하나, 즉 의사 결정을 내려야 할 최고 경영자의 훈련과 선발 기회 결여라는 문제를 해결할 수 있게 된다.

기업이나 정부 기관, 군의 관리자가 생각 없이 업무에 대응하고 지식과 분석이 아닌 감에 의해 문제를 처리해 가는 한, 훈련이나 시련, 선발도 경험하지 않은 채 전략적인 의사 결정에 직면하게 될 것이다. 계산기가 고등학생을 수학자로 만들 수는 없다. 마찬가지로 컴퓨터도 사무 담당자를 의사 결정자로 바꿀 수는 없다.

그러나 컴퓨터의 출현에 의해 사무 담당자와 잠정적인 의사 결정자를 식별하는 것이 필수 불가결하게 되었다. 그리고 컴퓨터의 힘에 의해 잠재적인 의사 결정자는 성과를 올리기 위한 의식적인 의사 결정을 배울 수 있게 됨과 함께 배워야 할 것을 강제받게 되었다.

왜냐하면 누군가가 성과를 올리는 의사 결정을 내려준다면, 게다가 그 의사 결정을 옳게 수행해 준다면 컴퓨터는 단순한 계산기 이상의 역할을 할 수 있기 때문이다.

컴퓨터의 출현이 의사 결정에 대한 관심에 불을 붙이게 된 이유는 실로 많다. 그러나 그것은 컴퓨터가 의사 결정을 뛰어넘기 때문은 아니다. 컴퓨터가 계산을 빼앗아 감으로써 조직 말단의 사람까지가 경영자가 되고 성과를 올리는 의사 결정을 내리지 않으면 안 되기 때문이다.

8

성과를 올리는 것을
습득하라

이 책은 두 개의 전제를 갖고 있다.

- **경영자의 업무는 성과를 올리는 것이다.**
- **성과를 올리는 것은 습득할 수 있다.**

먼저 경영자는 성과를 올림으로써 보수를 받는다. 그는 자신의 조직에 대해 성과를 올릴 의무를 진다. 그러면 경영자가 그 값을 하기 위해서 무엇을 습득하고 무엇을 수행해야 하는가. 이 질문에 답하기 위해 이 책은 조직의 성과와 경영자 자신의 성과를 목표로 했다.

두 번째는 성과를 올리는 것은 습득할 수 있다는 전제였다. 그래서 이 책은 어떻게 해서 성과를 올리는 경영자가 되는지에 대해 독자가 스스로 배울 수 있도록 경영자의 임무에 대해 다양한 측면을 제시해 왔다.

이 책은 교과서는 아니다. 그 이유 중 하나는 성과를 올리는 것은 습득할 수는 있지만 가르칠 수는 없기 때문이다. 즉, 성과를 올리는 것은 교과가 아닌 자기 수련이다.

그런데 이 책의 구조와 내용의 취급 방법으로부터 추론할 수 있듯이, 이 책의 주제는 성과 향상에 도움이 되는 것은 무엇인가였다. 왜 성과를 올리지 않으면 안 되는가라는 질문은 거의 하고 있지 않다. 성과를 올려야 하는 것은 당연한 것이기 때문이다.

이 책이 설명해 온 것이나 각 장의 흐름, 그리고 그로부터 얻어지는 것을 다시 한 번 반복해 보면 경영자가 올려야 할 성과에 관해 완전히 새로운 측면이 떠오를 것이다.

성과를 올리는 것은 개인의 자기 개발, 조직의 발전, 그리고 현대 사회의 유지, 발전을 위해 매우 중요한 의미를 갖고 있다.

1단계 성과를 올리기 위한 첫걸음은 작업적인 단계이다. 즉, 시간이 어디에 사용되고 있는지를 기록하는 것이다. 이것은 기계의 일이라고 말할 수는 없어도 대단히 기계적인 업무이다. 이것은 자기 자신이 할 필요는 없다. 비서나 조수에게 시켜도 좋다. 이 작업에 의해 업무를 크게 개선할 수 있다.

그리고 그 결과는 즉시는 아니라도 대단히 빨리 발견된다. 게다가 계속 이 작업을 반복하면 성과를 올리는 능력 향상을 향해 다음 한 걸음을 내디딜 수 있게 된다.

시간 분석을 통해 시간을 낭비하는 요인을 제거할 수 있는 것이다. 그리고 시간을 낭비하는 요인 제거는 어떤 행동을 요구한다. 그것은 극히 기본적인 의사 결정을 요구한다. 시간의 사용 방법이나 업무, 그 목적의 상대적인 중요도에 관해 문제 제기한다. 물론 업무 수준이나 질에도 영향을 준다.

또한 수개월에 한 번, 정형화된 작업으로써 시간을 점검해야 한다. 시간이라는 귀중한 자원의 활용에 계속 관심을 가져야만 한다.

2단계 공헌에 초점을 맞추는 것이다. 이것은 작업적이 아니라 개념적이고, 기계적이 아니라 분석적이고, 효율이 아니라 성과에 대한 관심의 단계이다.

이 단계에서 경영자는 자신이 보수를 받고 있는 이유인 공헌에 대해 철저하게 생각하는 습관을 체득하지 않으면 안 된다. 복잡한 것은 아무 것도 없다. 공헌에 관한 질문은 간단하고 정형화되어 있어도 좋다.

그러나 그 질문에 대한 답은 자신에 대한 고도의 요구, 자신과 조직의 목적에 관한 검토, 가치에 대한 관심을 필요로 한다. 특히 자신에 대한 높은 수준을 부과하는 것을 필요로 한다.

무엇보다도 그러한 질문은 상사를 기쁘게 하는 부하로서의 행동이 아닌 경영자로서 책임 있는 행동을 요구한다. 그리고 경영자는 자신과 자신의 초점을 공헌에 맞춤으로써 수단만이 아닌, 목적이나 목표를 중심으로 사고하게 된다.

3단계 강점을 길러 내는 것은 기본적으로 행동 패턴에서 나타나는 자세이다. 그것은 인간, 즉 자기 자신과 타인에 대한 경의이다. 그리고 그것은 행동의 가치 체계이다.

강점을 길러 내는 것은 실천에 의해 습득해야 하는 것이고 실천에 의한 자기 개발을 통해 가능하다. 그리고 경영자는 강점을 만들어 냄으로써 개인의 목적과 조직의 욕구를 결부시키고 개인의 능력과 조직의 업적을 결부시켜 개인의 자기 실현과 조직의 기회를 결합시킨다.

4단계 가장 중요한 것부터 시작하라(제5장)는 너의 시간을 알라(제2장)에 대치된다. 이 두 가지는 경영자의 성과를 지탱하는 두 개의 기둥이다.

여기에서는 시간이라는 자원이 아닌 경영자의 성과와 조직의 성과라는 최종 제품을 취급한다. 여기서 기록하고 분석해야 할 것은 우리들에게 일어나는 것이 아닌, 우리들이 우리들의 환경에 대해 제기해야 하는 것이다.

여기서 발전시켜야 할 대목은 통찰, 자립, 용기 등 인간과 관련된 것이다. 다시 말해서 그것은 리더십이다. 수재나 천재의 리더십이 아닌 착실하고 지속적인 리더십, 공헌, 결단, 목적 의식에 의한 리더십이다.

5단계 마지막 두 개의 장에서 논한 성과를 올리기 위한 의사 결정이란 합리적인 행동에 관련된 것이다. 더듬어 가기만 하면 자연히 성과를 올릴 수 있는 넓고 확실한 길은 존재하지 않는다. 그러나 더듬어 가야 할 방향이나 길을 가르쳐 주는 표식은 존재한다.

이 책에서는, 예를 들어 일련의 사상(事象)을 일반적인 문제로 인식한 후 의사 결정을 만족시킬 환경 조건을 어떻게 설정해야 하는지에 관해서는 설명하고 있지 않다. 이것은 직면한 각각의 상황에 따라 생각하지 않으면 안 된다.

그러나 무엇을 어떤 순서로 해야 하는지에 대해서는 분명하게 해두었다. 그러한 표식을 좇는 것에 의해 책임 있는 판단을 내리는 자기 자신의 연마가 가능할 것이다.

성과를 올리는 의사 결정에는 절차와 분석, 두 가지가 필요하다. 그러나 그 본질은 어디까지나 행동의 규범이다. 자기 개발이란 성과를 올리기 위한 능력을 체득하는 것만은 아니다. 인식이나 기능 역시 체득하지 않으면 안 된다. 업무 경력이 늘어남에 따라 새로운 업무 습관을 체득해야만 한다. 때로는 오래된 몇 가지 업무 습관을 버려야 할 것이다.

그러나 지식이나 기능, 습관을 아무리 체득해도 먼저 성과를 올리기 위한 능력을 향상시켜 두지 않으면 별 도움이 되지 않는다. 하지만 성과를 올리는 경영자가 되는 것 자체는 아주 칭찬할 만한 것은 아니다. 그것은 다른 많은 사람들과 같이 스스로의 직무를 부과하는 것에 지나지 않는다.

성과를 올리는 경영자가 될 자신을 훈련하는 것에 관해 서술한 이 책이, 예를 들어 키에르케고르의 자기 개발에 관한 위대한 소론 『크리스트교의 수련』과 비교될 수는 없다.

확실히 인생에는 성과를 올리는 경영자가 되는 것보다도 높은 목표가 있다. 그러나 목표가 높지 않기 때문에 그 실현을 기대하는 것도 어렵지 않다. 즉, 현대 사회와 그 조직이 필요로 하는 방대한 수의 성과를 올리는 경영자를 얻는다는 목표가 바로 그것이다.

만약 지식을 필요로 하는 지위에 성인이나 시인, 혹은 일류 학자만 고용해야 한다면 대규모 조직은 처음부터 존재할 수 없는 웃음거리가 되고 말았을 것이다. 대규모 조직의 욕구는 비범한 성과를 올릴 수 있는 보통 사람에 의해 채워져야만 한다. 그것이야말로 성과를 올리는 경영자가 채워야 할 욕구이다. 게다가 그 목표는 누구라도 겸허하게 노력만 하면 실현 가능하다.

그러나 성과를 올리는 경영자의 자기 개발은 진실한 인격의 형성이기도 하다. 그것은 기계적인 수단으로부터 인간의 태도, 가치, 인격으로 그리고 작업으로부터 사명으로 나아가야만 하는 것이다.

경영자의 자기 개발은 기업이나 정부 기관, 연구소, 병원, 군 등의 조직 발전에서 중심적인 의미를 갖는다. 그것은 조직이 성과를 올리기 위한 길이다. 성과를 향해 움직일 때 그들은 조직 전체의 성과 수준을 높인다. 그들 자신과 다른 사람들의 목표 수준을 끌어올리는 것이다. 그 결과 조직은 보다 업무를 충실히 할 수 있을 뿐 아니라 새로운 일이 가능하게 되고 새로운 목표를 지향하는 것이 가능하게 된다.

경영자가 성과를 올릴 능력을 향상시키는 것은 조직 자신의 방향, 목표, 목적에 대한 도전을 의미한다. 그것은 조직 내 인간의 눈을 일상의 문제로부터 기회, 비전으로, 약점에 구애받는 것으로부터 강점의 발휘로 다시 향하는 것이다. 그리고 그 결과, 높은 능력과 의욕을 가진 사람들에게 조직을 매력 있는 존재로 만들면서, 고도의 업무 처리와 공헌이 가능하도록 동기를 제공한다.

　조직은 우수한 사람들이 있기 때문에 성과를 올리는 것은 아니다. 조직은 조직의 수준이나 습관, 기풍에 의해 자기 개발을 동기 부여하기 때문에 우수한 사람을 갖게 된다.

　그리고 그와 같은 조직의 수준이나 문화, 기풍은 한 사람 한 사람의 인간이 스스로 성과를 올리는 경영자가 되고, 목적 의식을 갖고 체계적으로 초점을 자기 훈련에 맞추고 노력할 때만이 생겨날 수 있다.

　현대 사회가 - 존속하기 위해서라고까지 말할 수는 없어도 - 기능을 유지하기 위해서는 조직의 성과를 올리는 능력, 활동과 성과, 가치와 수준 그리고 자기 교열에 크게 의존한다.

　오늘날 조직 활동은 경제적 분야, 사회적 분야를 넘어 교육, 보건, 지식 분야에서도 결정적으로 중요한 의미를 갖게 되었다. 게다가 조직 중 중요한 부분은 점점 지식 조직이 되고 있다. 이미 그러한 조직은 많은 지식 노동자를 고용하고 있다.

　그리고 조직은 경영자로서 업무를 하는 사람들, 경영 전체에 책임을 지는 사람들, 각각의 지식과 업무의 성격으로부터 조직 전체의 활동이나 성과에 직접 영향을 주는 의사 결정을 내리는 많은 사람들을 안고 있다.

　그러나 오늘날 성과를 올리는 조직은 그렇게 많지 않다. 성과를 올리는 경영자보다도 적다. 물론 찬란히 빛나는 실례도 거기에는 있다.

하지만 전체적으로 아직 조직으로서의 활동, 스타일은 미숙하다.

방대한 자원이 기업, 정부 기관, 병원, 대학에 몰려 있다. 하지만 성과는 너무도 평범하고 활동은 너무도 산만하다. 너무도 많은 자원이 어제를 위해 낭비되고 의사 결정과 행동을 피하기 위해 소비되고 있다.

한 사람 한 사람의 경영자와 똑같이 조직도 성과를 올려야 할 체계적인 업무를 수행하고 성과를 올리는 습관을 스스로의 것으로 할 필요가 있다. 조직도 또한 문제의 해결만이 아닌 기회의 개발에 힘을 기울이는 법을 배워야 한다.

또 강점을 기르도록 노력해야 한다. 모든 것을 조금씩 벌여 놓고 일하는 것이 아니라, 최우선 순위를 정하고 집중해서 수행하지 않으면 안 된다. 그러나 경영자의 성과를 올리는 능력이야말로 조직이 성과를 올리기 위한 기초적인 조건의 하나이고 조직 발전에 대한 가장 중요한 공헌이다.

경영자의 성과를 올리는 능력이 현대 사회를 경제적으로 생산적인 것으로 만들고 사회적으로 발전할 수 있도록 기여한다.

이 책이 반복해서 지적하고 있듯이 지식 노동자는 선진국에서 급속하게 주요한 자원이 되고 있다. 게다가 지식 노동자는 주요한 투자처가 되고 있다. 왜냐하면 교육이야말로 오늘날 모든 투자 중 가장 높은 가치의 투자이기 때문이다. 그리고 그들 지식 노동자는 모든 곳에서 점점 큰 코스트 센터가 되어 가고 있다. 따라서 지식 노동자의 생산성 향상은 선진 공업 사회 특유의 경제적인 욕구이다. 선진 공업국의 육체 노동자는 그 비용의 측면에서 개발 도상국의 육체 노동자와 비교해 경쟁력이 없다.

지식 노동자의 생산성이야말로 저임금의 개발 도상국과 경쟁할 수 있게 하고, 선진 공업국에서 고도의 생활수준을 가능하게 만든다. 그러나 오늘날 선진 공업국에서 지식 노동자의 생산성에 관해 자신을 갖는 사람은 초낙관주의자뿐이다.

제2차 대전 후에 육체 노동자로부터 지식 노동으로 중심이 대폭 이동했음에도 불구하고 지금까지 지식 노동자의 생산성에는 극적인 성과가 나타나지 않고 있다. 경제적인 성과를 예측하는 두 개의 기준인 생산성과 이익률 중 어느 쪽에도 눈에 띄는 진보를 보이고 있지 않다.

제2차 대전 후에 선진 공업국의 경제 성장이 아무리 인상적이었다 해도 지식 노동자의 생산성 향상이라는 점에서 볼 때 아직 두드러진 성과는 없다.

여기서 문제의 열쇠는 경영자의 성과를 올리는 능력이다. 왜냐하면 경영자야말로 결정적인 지식 노동자이기 때문이다. 그들의 수준, 기준, 규율이 그들 주변의 다른 지식 노동자의 동기, 방향 설정, 헌신을 크게 좌우한다.

여기서 중요한 문제는 경영자의 성과를 올리는 능력에 대한 사회적 욕구이다. 그리고 현대 사회의 기반과 강점은 점점 지식 노동자의 심리적, 사회적 욕구와 사회의 목표를 어떻게 합치시킬 것인가에 달려 있다.

보통 지식 노동자는 경제적인 문제를 안고 있지 않다. 대체로 풍요롭다. 고용은 안정되어 있고 또한 그 지식 때문에 전직 자유도 있다. 그러나 그들의 심리적인 욕구나 가치관은 조직에서 업무와 지식을 통해 만족시키지 않으면 안 된다. 그들의 다수는 전문가로 보이고 그들 자신도 그렇게 생각하고 있다.

그러나 그들은 고용된 몸이고 명령을 받을 몸이다. 게다가 그들은 각각의 전문 분야에 속한 인간이면서 그 지식에서 나오는 권위를 조직의 목적이나 목표에 종속시키지 않으면 안 된다. 전문 지식에서는 상사도 부하도 없고 나이의 많고 적음이 있을 뿐이지만 조직에는 계층이 있다.

물론 이러한 것은 새로운 문제는 아니다. 군대 조직이나 공무원 제도에는 예전부터 있어 왔던 문제이고 해결책도 알려져 있다. 그러나 역시 현실에서는 커다란 문제이다.

지식 노동자에게 가난이라는 문제는 없다. 대신 최근 유행하고 있는 말이지만 자기 소외, 권태, 좌절, 체념이 문제이다. 육체 노동자의 욕구와 확대된 산업의 역할과 경제적 대립이 19세기 발전하는 나라에서 사회 문제가 됐듯이, 지식 노동자의 지위와 기능과 자기 실현이 20세기의 발전된 국가에 있어서 사회 문제가 되고 있다.

이것은 문제의 존재를 부정함으로써 해결할 수 없다. 정통파 경제학이나 마르크스 경제학이 각각의 입장에서 주장하고 있듯 '현실에 존재하는 것은 경제적, 사회적 활동의 객관적인 실재이다'라고 주장해도 문제는 없어지지 않는다.

'조직의 목표가 개인의 자기 실현을 의미하지 않기 때문에, 조직의 목표 따위는 생각할 필요가 없다'고 결론내린 사회 심리학의 신로만파 주장을 따라도 문제는 없어지지 않는다. 우리들은 조직의 성과에 대한 사회의 객관적인 욕구와 개인의 자기 실현 욕구 양쪽을 만족시켜야 한다.

여기에서 성과를 향한 경영자의 자기 개발이야말로 유일한 답이다. 이것은 조직의 목표가 개인의 욕구를 합치시키는 유일한 방법이다. 자기 자신과 다른 사람의 강점을 만들어 내는 경영자는 조직의 임무와 개인의 자기 실현을 양립시킬 수 있다. 그는 자신의 전문 지식이 조직의 기회가 되도록 일한다. 그리고 공헌에 초점을 맞춤으로써 자신의 가치를 조직의 성과로 변화시킨다.

적어도 19세기에 육체 노동자는 경제적인 목적만을 갖고 경제적인 보수만으로 만족한다고 믿었다. 그러나 그와 같은 사고 방식은 인간관계학파가 명확하게 밝혔듯이 사실과는 상당히 거리가 있다.

임금이 최저 생활 수준을 넘는 순간 그와 같은 것은 이미 사실이 아니다. 지식 노동자도 경제적인 보수를 요구한다. 보수의 부족은 문제이다. 그러나 보수의 존재만으로는 충분하지 않다. 지식 노동자는 기회 달성, 자기 실현, 가치를 필요로 한다.

그런데 지식 노동자는 자신이 성과를 올리는 경영자가 됨으로써 그러한 만족을 얻을 수 있다. 경영자의 성과를 올리는 능력에 의해서만 현대 사회는 두 가지의 욕구, 즉 개인으로부터 기회를 얻는다는 조직의 욕구와 스스로 목적 달성을 위한 도구로서 조직을 사용한다는 개인의 욕구를 조화시키는 것이 가능하다. 따라서 성과를 올리는 능력은 습득되어야만 한다.

역자 후기

『성과를 향한 도전』은 피터 드러커의 초기 저작에 해당되는 책이다. 그런 만큼 역자는 "성숙되지 않은 '유년 시절'의 드러커가 과연 어느 정도의 현실 분석 능력을 가지고 있었는가" 하는 짓궂은 호기심을 갖고 번역을 시작했다.

그런데 『성과를 향한 도전』은 바로 이 점에서 하나의 놀라움을 던져 주었다. 드러커가 이 책을 쓰고 난 후 상당한 시간이 흘렀음에도 불구하고, 그의 지침은 여전히 '화석'으로 굳어진 훈고학적 가르침을 거부한 채 현실에서 살아 숨쉬고 있었던 것이다.

오늘날 기업 조직이 몸담고 있는 주변 환경은 빠르게 변화하고 있다. 어제의 거대 기업이 오늘도 유지된다는 보장이 없고, 오늘의 시장 지배자가 내일 살아남으리라는 보장이 없는 세계적인 규모의 생존 경쟁이 전개되고 있다.

따라서 기업이 이런 시대적 변화에 적응할 수 있는 새로운 조직으로 태어날 것을 요구받고 있는 것은 당연하다. 그렇다면 어떻게 변화해야 할까.

오늘날, 그리고 21세기의 기업은 '사멸하는' 공룡이 아닌, '두뇌를 가지고' 날렵하게 환경에 적응하는 인간과 같은 조직으로 변신해야 할 것이다.

인간의 신체 각 부분은 자율 신경의 지배 아래 환경과 상호 작용하며, 신체의 환경 적응이라는 하나의 목표를 수행한다. 이 말을 기업 조직에 적용하면 하나 하나의 조직 단위는 전체의 목표를 머릿속에 담은 상태에서 타 부분과 상호 작용하며 능동적으로 움직여야 함을 뜻한다. 물론 이 같은 활동이 피라미드식 위계 질서 속에서는 가능하지 않다. 유연하고 수평적인 조직, 형태를 고집하지 않는 부드러운 조직만이 이런 활동을 담을 수 있다.

이 같은 드러커의 문제 의식은 얼마 전부터 미국을 휩쓸고 있는 리엔지니어링이나 리스트럭처링의 기본 틀과 크게 다르지 않다. 물론 드러커는 마이클 해머처럼 '어떻게 조직 구조를 변화시켜야 하는가'에 대한 구체적 대안을 제시하고 있지는 않다. 하지만 관료적이고 거대한 몸집으로 뒤뚱거리는 조직을 목표를 중심으로 한 유연한 조직으로 새롭게 바꾸어야 한다는 관점에서는 일치하고 있다.

유연한 조직이 가능하려면 각 구성원이 뚜렷한 목적 의식 — 이 책에서는 '성과'라는 단어로 압축하고 있다 — 하에 상사, 부하, 동료와 협력하고, 이들을 움직이고, 이들의 입장에서 업무를 수행해야 한다. 드러커는 이런 사람을 '경영자'라고 부르고 있다.

『성과를 향한 도전』에서 사용한 경영자[The Executive] 개념은 흔히 우리가 사용하는 최고 의사 결정자로서의 경영자와 다르다. 여기서의 경영자는 고위 관리자, 의사 결정자, 의사 결정 집행자를 모두 담고 있는 포괄적인 개념이다. 드러커는 기업이 살아남기 위해서는 조직 구성원 모두가 경영자가 되어야 함을 특히 강조하고 있다.

또한 드러커는 이 책에서 '지식 노동자의 역할'에 많은 관심을 기울이고 있다. 물론 지금은 어느 누구도 '지식 노동자'라는 개념을 당연하게 받아들이지만 '양적 발전'과 '육체 노동자의 역할'이 강조되던 그 시대에 지식 노동자의 등장과 중요성을 포착한 것은 대단한 통찰력이라고 할 수밖에 없다.

앞으로 미래 기업은 이런 지식 노동자라는 인적 자원을 얼마나 갖고 있는가, 그리고 이들이 얼마나 효율적으로 일하느냐에 따라 운명이 판가름날 것이다. 즉, 기업 조직은 자신의 업무만을 성실하게 처리하는 샐러리맨이 아닌, '빌 게이츠' 같은 인물을 키우고 이들이 조직에서 자유롭게 일할 수 있도록 변화해 가야 하는 것이다.

드러커의 이 책은 초기 저작인 만큼 몇 가지 아쉬움을 안고 있다. 우선 이 책에서 들고 있는 예가 1950년대까지의 기업 사례인 만큼 지금 기업이 부딪치고 있는 구체적인 어려움과 약간 거리가 있음을 지적할 수 있다. 또한 드러커가 문제 해결의 원칙 제시 수준에 그치고 있어 대안 제시가 미흡한 점도 과제로 남는 부분이다.

하지만 이런 부족함을 메우는 것은 역시 독자의 실천이다. 드러커의 비판을 받아들이는 것만으로는 아무런 의미가 없다. 중요한 것은 읽는 사람이 자신의 경영 현실을 변화시키기 위해 어떤 실천을 하느냐이다.

이런 의미에서 역설적이게도 한국 기업은 '훌륭한' 실천 대상이다.

여전히 경직되고 엄격한 위계 질서 속에 갇혀 있고 지식 노동자가 자유롭게 일하는 분위기와 거리가 먼 것이 현재의 한국 기업이다. 그러나 한국 기업이 만일 드러커의 지적대로 변화하지 않는다면 21세기 소프트 사회에서 살아남을 수 없으리라는 것은 분명하다.

과연 어떻게 변화해 가야 할까. 이 고민은 『성과를 향한 도전』을 읽은 독자의 몫이 될 것이다.